DON PEDRO Y YO

"La otra cara de la moneda"...

Juanita A. Rivera

Publicado en California USA 2022
ISBN: 979-8-3507-0141-8

"A través de las lágrimas y las risas, somos más fuertes que nunca. La vida está hecha de momentos felices y situaciones difíciles que nos hacen fuertes y decididos".

Anónimo

Índice

Dedicatoria   7

Agradecimientos   9

Prefacio   11

Prólogo   13

Capítulo 1 El hogar en que nací   17

Capítulo 2 Mis años de infancia   23

Capítulo 3 Juegos y sueños   29

Capítulo 4 Recuerdos del rancho   35

Capítulo 5 Familia y días festivos   43

Capítulo 6 Lágrimas incontenibles   49

Capítulo 7 Llega la adolescencia   55

Capítulo 8 ¡Evento traumático!   61

Capítulo 9 Un sexto sentido   69

Capítulo 10 El fantasma del pasado   75

Capítulo 11 Un nuevo rumbo   83

Capítulo 12 Trazando mi destino   89

Capítulo 13 Cómo conocí a don Pedro   97

Capítulo 14 Así empieza nuestra historia   105

Capítulo 15 Enfermedad y tinieblas   113

Capítulo 16 Frustración e impotencia   121

Capítulo 17 Dos encuentros importantes   131

Capítulo 18 Hombro a hombro con don Pedro   137

Capítulo 19 No había cura posible   143

Capítulo 20 Mi familia y los Rivera   151

Capítulo 21 Sospechas y rumores   161

Capítulo 22 Entre las sombras de su familia   169

Capítulo 23 La placita Olvera   177

Capítulo 24 San José California   183

Capítulo 25 Un encuentro inolvidable   191

Capítulo 26 Nostalgias y decepciones   197

Capítulo 27 El trágico día se acerca   205

Capítulo 28 Sucesos paranormales   213

Capítulo 29 Por unos cuantos centavos   221

Capítulo 30 Lo que no he contado hasta ahora   227

Capítulo 31 Un llanto contenido por años   234

Capítulo 32 Tremenda decepción   239

Capitulo 33 Una llamada inesperada   251

Capitulo 34. El concierto de Lupillo   259

Epílogo   267

Acerca de la autora   269

Dedicatoria

Dedico esta obra a Nuestro Creador, quien la hizo posible a través de Su Luz y por abrirme las puertas para llevar a cabo este proyecto.

A todas las personas que me inspiraron en cada una de las líneas que ustedes leerán.

A mis hijas porque ellas son mis mejores testigos de cada uno de los capítulos que comparto con ustedes.

A Madame Lawe quien fue la primera persona en sugerirme escribir este libro.

A mi editora, por su perfecta atención.

A Selene Kachiriski por su consejería.

Y muy en especial lo dedico a Jenni Rivera, que en paz descanse, quien me inspiró para buscarla con el propósito de compartir mi dolor con ella.

También dedico esta obra a todas las personas que fueron o están siendo abusados(as) sin importar la edad que tengan.

Una especial dedicación para los que tienen poderes extra-sensoriales.

A todos los que ayudan a la humanidad y hacen una diferencia en este mundo caótico en el que vivimos.

Agradecimientos

Quiero agradecer a nuestro Creador Eterno que me dio la inspiración y el impulso que necesitaba para escribir este libro.

A Mayra Todd por apoyarme en este proyecto y también aprovecho para agradecerle su arduo trabajo cuando laboró con nosotros.

A "mi ángel" como la he llamado siempre, Rosa Ochoa.

También a todas las personas que me han dado su confianza y su cariño.

Agradezco a ustedes, mis estimados lectores, por interesarse en leer esta historia, matizada de colores tan variados.

Quizás leerán en este libro algo que nadie se hubiese imaginado que yo pude haber vivido.

¡Mil bendiciones!

¡Gracias! ¡Gracias! ¡Gracias!

Prefacio

Desde que era una niña muy pequeña tuve el deseo de escribir sobre mi vida.

Por supuesto en aquellos tiempos, lejos estaba yo de pensar que en el camino encontraría a Pedro Rivera y mucho menos que llegaría a ser su esposa.

Mis anhelos hoy son compartir con ustedes lo mágico que he vivido desde el día en que nací.

Algunos de los sucesos que leerán en este libro son muy sorprendentes pues me llevaron a estar del cielo al caos.

Gracias a Dios he mantenido un balance y una armonía, por medio del amor que Dios me envió a través de mis padres.

No sé qué hubiera sido de mi sin el apoyo de estos dos ángeles puesto que fueron ellos, quienes me ayudaron a sostenerme en pie.

Quien me iba a decir a mi cuando llegué a este país que me convertiría en la segunda esposa de Pedro Rivera.

Esto ha contribuido a que las personas, aunque no me conozcan se sientan con la libertad de hacer juicios sobre mí.

Los comentarios y las percepciones equivocadas que algunos tienen acerca de quién soy realmente, forman parte de mi decisión de escribir este libro que usted tiene en sus manos.

Prólogo

Estoy consciente que, al escribir este libro, seré recordada por algunos de ustedes sin haber sido esa la intención original.

Juana Ahumada es mi nombre de pila y aún estoy en este mundo a pesar de haber estado en peligro de morir en más de una ocasión.

Muchas veces mi alma trascendió a otra dimensión, a ese mundo inimaginable donde el cuerpo físico del humano no puede llegar.

Les contaré sobre mis experiencias espirituales que he tenido específicamente con mi hijastra Jenni Rivera como la mayoría de ustedes saben, falleció en un accidente aeronáutico aquel inesperado 9 de diciembre del 2012.

Oré muchas veces para poder acercarme a ella en vida y eso créanlo o no, fue lo que me llevó a buscar a su padre. El destino cambió las cartas del juego y los años vividos junto a don Pedro Rivera, me han guiado hasta el punto en que estoy hoy.

Jenni en cierta manera fue indirectamente responsable de mi presente pues siento que a un nivel cósmico ella me orientó para ser la pareja de su padre, aunque jamás lo hubiera admitido cuando vivía.

Al convertirme en la novia de Pedro Rivera, Jenni, su familia y yo formamos dos bandos opuestos que estábamos contrarios al muro donde se encontraba él.

Una vez nos conocimos, él me alertó sobre mis límites y también sobre mi posición como su pareja.

De un día para otro me convertí en la señora de Rivera, pero lo que Jenni nunca supo fue que yo me había acercado a su padre para encontrarla a ella.

Sin embargo, irónicamente sucedió todo lo contrario, al hacerlo me alejé cada vez más de Jenni.

Se dice que las almas son eternas y el cuerpo es solo materia y todavía confío que si no fue en esta vida será en la otra que Jenni Rivera conozca mi alma y así cerremos el ciclo de las malas interpretaciones que se dieron a nuestro alrededor en el plano terrenal.

Quizás un día nos encontraremos, aunque algunas personas me calificarán de "soñadora" y posiblemente, me juzgarán por decir esto, pero así creo yo y nadie puede cambiar mi manera de pensar.

Siento que debo actuar como las águilas que cuando ven venir pajarillos a su encuentro, en vez de luchar contra ellos, se elevan más alto y los esquivan.

Mi deber y meta en este plano terrenal es elevar mi conciencia para poder vivir en armonía y como mujer que soy, pedirle al Universo, la paz para todas las mujeres oprimidas.

La vida de cada ser humano tiene su propio color, su propia nota musical y su propio peso numeral.

Mi color es el violeta y para mí es el arquetipo que me ayuda a evolucionar de lo denso a lo sutil.

Y así como todas las personas llevan a cabo su ciclo, el mío no es la excepción.

Yo lo veo semejante a un jardín fértil donde florece el amor de principio a fin.

En ese jardín se encuentra la puerta que me conduce a una total armonía con mi propio ser.

El hogar en que nací...

1

El hogar en que nací...

Cuando yo nací, mi padre decidió bautizarme con el nombre de Juana.

Soy la hija de un matrimonio, yo diría ideal, y nací en la época donde el rock estaba de moda.

Tuve la fortuna de que mi madre diera a luz en un pueblito encantador del Municipio de Zacatecas, México.

Mi vida empieza allá por los años sesenta, y soy la décima de quince hermanos que mi amada madre Jesusita, parió, contribuyendo así a la expansión de la humanidad.

Nací antes de "*los cinco maravillosos*" como llamaba yo a mis hermanos menores y "dicho sea de paso", como dicen en Centroamérica, así los llamo hasta el día de hoy.

Les puse ese nombre porque cada vez que nacía uno se iban perfeccionando los genes familiares.

Mi hermanito "Pabis" era el menor de "*los cinco maravillosos*" y nuestra adoración, ya que siendo el más chico fue la culminación de ese amor que emanaba en nuestro hogar a través de mis padres.

Era un angelito amoroso que llenaba de alegría el hogar y todos lo amábamos a más no poder.

Cuando mis hermanos lean este libro estarán de acuerdo conmigo que este niño, nos enseñó a no tener rivalidades entre nosotros.

Nos dejó muy pronto, sumidos en un gran dolor, cuando sus alitas crecieron y alzaron vuelo al cielo. Yo estoy segura de que, si mi hermanito aún viviera, seguiría siendo mi favorito como siempre lo fue.

Gran ejemplo para todos fue nuestro papá quien se llamaba Pablo y era una persona ejemplar, generoso, leal y fiel no solamente con mi madre, sino con todos sus hijos y además era un hombre íntegro de palabra y muy trabajador.

Su oficio era panadero y trabajaba en la panadería propiedad de mi bisabuela Chayo.

Además, el amor que tenía por la tierra lo convirtió en un agricultor de corazón.

Por otra parte, mi mamá era una mujer muy trabajadora también.

Ella era propietaria de una tienda de abarrotes además de ser una excelente madre y ama de casa.

En su tiempo libre le ayudaba a mi padre a atender los animales que teníamos.

Nuestra casa tenía varios corrales, en uno estaban las vacas, los caballos, los burros y las yeguas.

En el otro, las gallinas y los cerdos; todos aquellos animales me recuerdan la vida de abundancia en la que vivíamos mis hermanos y yo; no solo económicamente pero también en el aspecto espiritual.

Mis recuerdos de la niñez hasta los nueve años son nítidos, más bien yo diría que estaban dentro de una dimensión que los seres humanos no logramos captar con nuestra razón.

" En mi memoria no está ni una sola mala palabra u ofensa dirigida a nosotros; tampoco un golpe propinado por parte de alguno de nuestros padres..."

El hecho de tener una infancia tan feliz se debía al trato que ellos nos daban, pues siempre nos hablaban con gran sabiduría cuando alguno de mis hermanos o yo necesitábamos algún consejo.

Mis años de infancia

2

Mis años de infancia

Cuando yo tenía cinco años aproximadamente, viene a mi mente una de las memorias más lindas de mi infancia. Mi padre decidió comprar un tipo de ganado que consistía en borregos y chivas.

El mayor de mis hermanos varones se llama Gerardo y era quien le ayudaba pues le encantaba trabajar en el rancho.

Recuerdo como si fuera hoy escucharlos hablar; cierto día en una de sus conversaciones mi papá le preguntó sobre sus planes futuros. Él quería saber si Gerardo deseaba estudiar o trabajar.

La respuesta que recibió fue que quería ayudarlo a él en el rancho.

Conforme crecíamos nos dividíamos las labores para ayudar a nuestros padres.

Los que no estábamos en la escuela íbamos con Gerardo y mi mamá al monte que quedaba como a cuarenta y cinco minutos de nuestra casa.

Mi hermana Alicia, quien es la mayor junto con mi otra hermana Elsa y mi tía Tachita, se quedaban atendiendo la tienda de abarrotes.

De esta manera ellas podían cuidar a mis hermanos que todavía estaban en edad escolar.

Nuestro padre seguía trabajando en la panadería y en temporada de siembra se dedicaba a labrar la tierra.

Él había construido una casa pequeña en el monte donde llevaba el ganado.
Para mi aquel lugar era sensacional, aun a mis cortos años yo sabía que era inmensamente feliz y la vida me parecía perfecta.

En el campo se respiraba un aire limpio, no había contaminación de ningún tipo y el agua que sacábamos del pozo era cristalina.

"…Frente al pozo había una laguna que me daba la impresión de estar en medio de un paraíso. En la misma se reflejaban bellos colores de la naturaleza, brillantes y matizados que se convertían ante mis ojos en el color violeta del amor..."

Mis padres nos llevaron a vivir a esa casa solamente a mis dos hermanas más pequeñas y a mí.

Cuando Rosario, Angélica y yo vivíamos en ese lugar, nació mi hermano Joel y unos años más tarde Edith y Pabis.

Le decíamos Pabis por cariño, pero en realidad mi hermanito menor se llamaba Pablo Sergio.

Llegó el momento en que cumplí la edad para ingresar a la escuela primaria del lugar.

La escuela se llamaba Severo Cocío y a ese centro educativo también asistían mis hermanos Marco Antonio, Sara y María Guadalupe. En la secundaria estaba mi hermana María de Jesús.

Me gustaba mucho asistir a clases y además estaba muy contenta de ir a la misma escuela de mis hermanos porque me sentía segura, protegida y cuidada por ellos.

Mi maestra de primer grado era muy cariñosa conmigo; yo fui una estudiante muy aplicada; quizás por eso ella me quería tanto.

Yo estaba acostumbrada al amor que tenía por parte de mis padres y hermanos y ahora me sentía querida por aquella educadora.

En el aula, usualmente sentaba a mi lado a dos niñas para que les ayudara con algo que ellas no entendieran.

A mí no me gustaban las calificaciones de diez, pues creía que era algo demasiado perfecto, por eso, prefería un nueve o un ocho.

Ahora entiendo la razón, probablemente sentía que me estaba comprometiendo a una mayor responsabilidad en mis estudios.

Mi infancia fue muy feliz al crecer en la generación de los setenta, los juegos con mis hermanos y con los compañeros de escuela eran muy distintos a los que los niños juegan hoy.

Juegos y sueños

3

Juegos y sueños

En aquellos tiempos no contábamos con la tecnología que hay ahora, así que los juegos eran los tradicionales que habían probablemente jugado mis padres cuando eran pequeños.

Uno de los que viene a mi memoria, y era de mis favoritos consistía en un elástico que un par de niñas se lo ponían en sus pies y los demás saltábamos a diferentes niveles.

Otro que disfrutaba mucho se llamaba "los encantados". Todos corríamos y alguien nos tenía que alcanzar para tomar el turno y así perseguíamos a otro niño para seguir jugando.

Recuerdo otro juego "el bebe leche" o el "avioncito"; teníamos que brincar haciendo marca para poder llegar a la cabeza, en fin, eran entretenimientos sanos que no tenían nada que ver con el internet ni con la tecnología.

Crecí siendo una niña libre, feliz y muy obediente; honestamente no recuerdo haber recibido reproches o regaños ni castigos por parte de mis padres o de mis hermanos mayores.

Otro de mis juegos favoritos que disfrutaba en gran manera era organizar eventos de cantantes.

Escuchaba los concursos de canto en la radio y me emocionaban mucho; especialmente uno en el que una pareja llamada *"Pituca y Petaca"*, habían ganado.

Se me hacía muy chistoso el nombre de estas concursantes y por eso me fascinaba escucharlo.

Una de las reglas que se había establecido en mi hogar era la prohibición de pelear entre nosotros. Todos lo sabíamos y por tanto lo respetábamos.

Las ofensas en casa no existían en la familia; nuestros padres nos daban el ejemplo de tratarnos de la mejor manera y eso nos hizo niños muy bien portados.

Si alguna vez mis padres hicieron que yo me sintiera mal fue en algunas ocasiones que me llamaron Juana y no Juanita pues yo estaba acostumbrada a que me dijeran Juanita por cariño.

"…Desde muy niña yo soñaba con ser periodista y organizadora de eventos. Me encantaba escribir, quizás por eso también anhelaba ser escritora…"

Uno de mis pasatiempos favoritos era escribir canciones y poemas; eso era algo que hacía con frecuencia; recuerdo perfectamente mi primera canción; la escribí a los seis años y muy orgullosa la compartí con mi papá.

El me sentó en su regazo, tomó la hoja de papel en la que la había escrito para leerla.

Luego me miró a los ojos diciendo: "*Qué bonita mija*" e inmediatamente se levantó y se fue.

Ese día pensé que a mi papá no le interesaba lo que yo escribía.

La canción hablaba específicamente del amor y aunque yo apenas tenía seis años recuerdo que la letra decía que en la vida había mucho amor.

A mi corta edad creía que nosotros éramos ricos pues además del gran amor que nos daban nuestros padres, sentía que vivíamos en abundancia porque no carecíamos de nada.

Los negocios de mis padres, mi mamá con su tienda de abarrotes y el de mi papá con su ganado y sus sembrados, hacían que no nos faltara nada material.

Recuerdos del rancho

4

Recuerdos del rancho

Los recuerdos más lindos que tengo, los viví en el rancho y están en mi memoria nuestras rutinas diarias.

Comíamos huevos frescos de gallinas criadas en la casa. Temprano en la mañana, mi papá traía de la panadería, dos bolsas grandes de pan porque éramos muchos en la familia.

Estábamos acostumbrados a que él nos llevaba el pan fresco a la cama cuando amanecía.

Lo comíamos como a las seis y media antes de desayunar mientras mi mamá alimentaba a los animales.

Alrededor de las ocho de la mañana mi madre nos llamaba y todos íbamos a la mesa a tomar el desayuno.

Además de amar a mis padres yo los admiraban y me infundían un gran respeto.

Mi papá para mí era como la imagen más similar al concepto que tengo de Dios; era un hombre fuerte, saludable, su paciencia y cariño para con sus hijos, lo encumbraban aún más.

A mi madre la veía como un ángel que emanaba luz y amor hacia su esposo y sus hijos.

Jamás dijeron una mala palabra y los consejos que nos daba mi madre eran tan sabios como si ella fuera una mujer muy estudiada.

Ahora entiendo que tenía un alto nivel de inteligencia emocional y un instinto maternal muy bien desarrollado.

Por eso mis hermanos y yo la respetábamos mucho y jamás sentimos temor de ella.   Aunque mis padres ya no están en el plano físico, los amo y admiro sin tener nada que reprocharles, pues para mi ambos tienen el mismo mérito. Jamás los vi maltratarse el uno al otro ni tampoco herir a otras personas.

Todo lo contrario, a sus trabajadores también los trataban con gran respeto y eran muy agradecidos y generosos con ellos.

Otra bendición que adornó mis años infantiles fue el pueblito donde nací y crecí.

Era un pueblo muy bonito, estilo colonial con calles de adoquín por las que mis hermanos y yo caminábamos.

Mi padre había empedrado la calle de tierra que estaba frente a donde nosotros vivíamos.

Nuestra casa quedaba en una cuesta que bajaba hacia el centro del pueblo. Al descender había un arroyo de aguas cristalinas y al subir se miraba una cascada con rocas enormes.

La gente del lugar llevaba a sus animales a beber agua a la *"tarjea"* que se encontraba situada detrás de las casas del Centro de Guadalupe.

La *tarjea* era una especie de contenedor o canal lleno de agua que estaba pegada a las paredes traseras de las casas.

En aquellos tiempos los habitantes del pueblo tenían muchos animales que les ayudaban en su trabajo del campo.

Los agricultores usaban los caballos para jalar las carretas en las que transportaban la cosecha.

Mi papá tenía una carreta pequeña la cual también usaba para llevarnos a pasear al campo.

Más tarde, compró una más grande donde transportaba el frijol y el maíz que sembraba.

La generación de mi padre había crecido en una cultura muy conservadora para la época.

La mayoría de las personas en esos tiempos únicamente cursaban la escuela primaria y algunos como él, solo terminaban el tercer grado.

Aunque no era un hombre con un nivel de educación alto, era una persona muy inteligente y sabía hacer muy bien sus cuentas.

"...Había sido hijo único y su madre murió cuando estaba en la edad de la adolescencia. Su mentalidad estaba enfocada en sus responsabilidades como panadero y en su labor de agricultor, trabajos en los que ponía alma, vida y corazón..."

Mi mamá, por otra parte, si había terminado su educación primaria, y ella también era muy organizada pues sola administraba, su tienda de abarrotes.

Como dije antes, ella también le ayudaba a mi padre con los animales y hacía el oficio del hogar.

Yo diría que mi mamá era una mujer muy completa en todo el sentido de la palabra. Su padre había fallecido cuando solo tenía dos años de nacida.

Quizás eso la hizo una mujer más fuerte y deseosa de ser la madre de muchos hijos para brindarles todos los cuidados y cariño que tenía guardados en su corazón.

Crecí en un hogar católico pero mi mente sin embargo siempre fue muy abierta porque en el transcurso de mi vida aún desde que tenía cuatro o cinco años, tuve experiencias extra-sensoriales que contemplaban otra dimensión que iba más allá de la que se percibe a nivel terrenal.

Mis padres nos criaron en la fe y el respeto por Dios y también nos inculcaron el amor al prójimo no solo con los miembros de nuestra familia sino también con otras personas.

Ambos eran muy alegres y escuchaban música ranchera a cualquier hora del día.

La pasión de mi padre era sembrar la tierra. Al principio la araba con bueyes; conforme fueron pasando los años compró un tractor y algunas otras herramientas agrícolas.

Poco a poco fue prosperando y sustituyó las carretas por camionetas en las cuales transportaba las cosechas.

La casa en donde vivíamos cuando era niña, era muy grande pues conforme crecía la familia mi padre le construía nuevas habitaciones.

Era una casa estilo colonial con un patio en el centro y alrededor estaban los dormitorios.

Recuerdo que al fondo había un aposento muy grande y al lado una cocina con una gran chimenea que estaba hecha de piedra, así como en las casas de antaño. Era muy antigua pues había sido construida originalmente por mi abuelo.

Nuestra vivienda era el regalo de bodas de mi abuelo paterno para mis padres cuando ellos se casaron.

Tenía seis habitaciones, la sala, la cocina y dos corrales a ambos lados donde había muchas vacas y gallinas.

Mis hermanos conforme iban creciendo se independizaban y ya no vivían con nosotros.

Llegó el día en que tres de ellos se casaron y se fueron a vivir a Estados Unidos. Alicia, la mayor de mis hermanas, fue la primera que se casó y lo hizo cuando yo estaba a punto de cumplir ocho años.

Familia y días festivos

5

Familia y días festivos

Mis hermanos y yo solo tuvimos abuela materna; recuerdo que era muy cariñosa, aunque vivía lejos de nosotros, la visitábamos con cierta frecuencia en su casa en el Distrito Federal.

Ir a visitar a nuestra abuelita fue una linda experiencia para mí. El D. F. era un mundo nuevo para nosotros, completamente urbano con bellas ciudades, completamente distintas al pueblito donde vivíamos.

Por parte de mi papá solo conocimos a nuestro abuelo, pues al morir mi abuela, él se volvió a casar y por eso casi no lo visitábamos.

Sin embargo, lo poquito que conocí de él, me daba la impresión de que era un señor muy especial.

Mi padre era muy cuidadoso con nosotros, siempre estaba pendiente de nuestras necesidades y le gustaba que nos alimentáramos bien.

Él había comprado un seguro de salud para cuando nos enfermábamos de algo serio y de esa manera podía llevarnos al médico familiar.

Cuando las enfermedades no eran graves, mi madre nos cuidaba en la casa y nos atendía con gran esmero.

Mi papá era una persona de buen vivir, nos llevaba a pasar tiempo al campo sin olvidarse de comprarnos nuestras vitaminas para mantenernos saludables.

Nosotros le ayudábamos a cortar el frijol y el maíz, pues esas eran las mayores cosechas del rancho.

Para poder comer tortillas frescas todos los días, mi mamá cocía el maíz y hacía el nixtamal.

Ella era muy cuidadosa tanto de sus hijos como de su hogar y hasta cierto punto yo creo que tenía un don de sanidad.

Su amor maternal la hacía exagerar sus cuidados cuando estábamos enfermos.

Todo eso hacía que yo me sintiera en un paraíso, disfrutando de unos padres cariñosos y cuidadosos.

Mis experiencias en la escuela primaria también fueron muy agradables, no recuerdo tener quejas de alguno de mis maestros, al contrario, guardo excelentes memorias de ellos y pienso que hicieron un gran trabajo con respecto a mi educación.

Los días festivos en mi pueblo eran celebrados con mucho colorido y alegría. Para el Día de la Madre en la escuela hacíamos una gran fiesta y lo mismo sucedía para el Día del Niño o el Día del Maestro. Los festejos patrióticos, también se celebraban en grande.

Se organizaban eventos con bailes típicos de Zacatecas y lo mismo ocurría cuando se trataba de celebrar alguna fiesta religiosa.

La navidad en mi casa era muy especial y yo me encargaba de decorar el arbolito desde muy niña.

Cuando no comprábamos un árbol, le decía a mi hermano Marco Antonio que fuera a buscar un cedro al cerro.

Él no se quejaba, se iba a conseguirlo y lo traía a casa; yo le ponía las luces de colores para decorarlo.

A partir del 16 de diciembre íbamos a las posadas, donde rezábamos y cantábamos coritos propios de las navidades.

En la Nochebuena mi madre era la encargada de la comida, hacía docenas de tamales de chile rojo con carne, también de pollo con chile verde y de rajas; ni que decir de los tamales dulces que le quedaban riquísimos.

A fin de año, celebrábamos en grande la llegada del Año Nuevo.

"…Mi madre, desde que tengo memoria, cada Año Nuevo nos hacía unos buñuelos que le quedaban deliciosos…"

Podría decir que yo era "una hija de papi y mami" porque como tuve la bendición de ser una de las menores no me tocó hacer trabajos muy duros.

Si tenía algunas responsabilidades a mi cargo pues ayudaba en las labores del hogar, que mamá me había enseñado a hacer desde niña.

Recuerdo que una de esas tareas era limpiar los frijoles quitándoles las piedritas.

En mi casa, nunca faltaron los huevos ni los frijoles; ambos alimentos los consumíamos diariamente.

Conforme mis hermanas y yo fuimos creciendo, nuestras labores en el hogar aumentaron y cada una lavaba su propia ropa.

Las mujeres éramos las encargadas del trabajo en el hogar y mis hermanos se iban al campo con papá a realizar las labores que requerían más fuerza.

De niña no sufrí pérdida alguna de un ser querido que me afectara emocionalmente, sin embargo, durante la adolescencia si experimenté un golpe muy doloroso que marcó mi vida.

Lágrimas incontenibles

6

Lágrimas incontenibles

Mi hermanito menor Pablo Sergio, al cual cariñosamente le decíamos *Pabis,* era mi favorito.

Nació cuando ya algunos de mis hermanos mayores habían emigrado a Estados Unidos y solamente lo conocieron por medio de fotografías, pero no en persona.

Cuando *Pabis* estaba a punto de cumplir sus siete años, inesperadamente se enfermó sin que pudiéramos hacer nada para impedirlo y Dios se lo llevó al cielo.

La muerte de nuestro amado angelito fue un golpe desgarrador para toda la familia porque era el hermanito consentido por todos.

La impresión fue tan grande que mi hermana Sara perdió el sentido por tres días debido al impacto sufrido.

"...Quizás necesitaría escribir otro libro para narrarles sobre este doloroso suceso pues sería muy largo contarles

todo el sufrimiento que atravesamos a raíz de esa enorme pérdida…"

Al lado del dolor tan grande que sufrí, su partida me dejó muchas lecciones con grandes aprendizajes como pocos he tenido durante toda mi vida.

Para el tiempo en que perdimos a Pabis, mi padre había construido una vivienda más moderna en la cual mi madre también tenía un espacio para su tienda de abarrotes.

Aunque esta casa era preciosa, las memorias que habían quedado en mi mente de la que yo había crecido eran irremplazables y yo la seguía añorando.

En nuestro hogar teníamos por costumbre tener mascotas, principalmente perros.

Hoy viene a mi memoria un pastor alemán que era muy bravo, por cierto; se llamaba Puma; este perro vivió con nosotros muchos años, pero un día alguien lo envenenó.

Recuerdo cuánto lloramos mis hermanos y yo porque todos lo amábamos; el desconsuelo fue tan grande que de ahí en adelante no quise encariñarme con otro perro.

De pequeña compartía el cuarto con mi hermana Alicia; como era la mayor, me consentía mucho. Yo la veía como una madre-hermana porque me llevaba doquiera que ella iba.

Cuando inicié la escuela primaria, Alicia tenía diecinueve años y las veces que salía con su novio, yo me les pegaba como arete, encontrando la manera para ir con ellos.

Desde que tenía cinco años hasta que cumplí ocho, mis hermanas menores y yo jugábamos con un muñequito que le decíamos el "mono chino".

Era un bebé fino con una consistencia blanda, pelo rizado y muy bonito; por eso era nuestro favorito sobre todas las demás muñecas.

María del Rosario, Angélica María y yo le confeccionábamos la ropa; lo bautizábamos con frecuencia y le hacíamos grandes fiestas.

Como pueden ver mi vida está pintada de tonos que combinan diferentes matices, unos más oscuros y otros más brillantes, pero creo que de eso está formada la vida de todo ser humano y yo no he sido la excepción.

Llega la adolescencia

7

Llega la adolescencia

El tiempo pasaba y las hojas de los calendarios que colgaban de las paredes de mi casa, se iban desprendiendo, mientras yo me transformaba en una adolescente.

Algo había ocurrido cuando yo tenía nueve años; lo cual les contaré en el próximo capítulo, pero lo cierto es que ese hecho marcó mi vida y mi alma fue perdiendo color, convirtiéndose en algo más gris que solo era iluminado por la luz del amor de mis padres.

Como todas las jovencitas de mi edad, ingresé a la educación secundaria a una escuela técnica.

La escuela llevaba el nombre de "Técnica #1". Tengo recuerdos muy bonitos sobre esta etapa de mi vida porque en el grupo del Salón B solo estudiábamos seis niñas, el resto de nuestros compañeros eran varones; todos ellos eran muy buenos con nosotras y siempre nos apoyaban.

Yo formaba parte de la primera generación de niñas en ese salón hasta el año que ingresé, solo varones habían estudiado ahí; porque la clase era un taller de electricidad.

Al entrar a esta escuela me di cuenta de que al igual que cuando estaba pequeña Dios me seguía enviando gente bella para compartir mi vida.

Las seis compañeras nos amábamos como hermanas de sangre; dándonos apoyo y estudiando juntas. Una de ellas sufría de epilepsia y convulsionaba muy seguido.

La mayoría de los estudiantes de nuestra clase se asustaban mucho cuando a ella le daba esas convulsiones y casi todos corrían lejos de nuestra amiguita.

Solo un compañero y yo íbamos en su auxilio y tomándola en los brazos la llevábamos a la enfermería.

Algunas veces la enfermera del colegio no estaba disponible entonces yo era la encargada de practicarle los primeros auxilios.

Aunque no había recibido entrenamiento alguno para proveer esta clase de ayuda, siento que no lo hacía tan mal, pues la mayoría de las veces lograba estabilizarla.

En aquellos tiempos no había internet ni alguna posibilidad para mí de leer sobre su condición. Fue hasta que entré a la universidad a estudiar enfermería cuando me di cuenta de que yo hacía lo correcto ayudando a aquella niña en sus momentos de crisis.

Esta es una de las épocas que disfruté mucho con mis compañeras y amigos porque lo pasábamos a todo dar.

"…Aproximadamente a los seis meses de haber ingresado al colegio, mis amigos empezaron a hacer bromas con un muchacho que me pretendía…"

Todos decían que era mi novio, pero yo no sabía de quien se trataba. Más tarde supe que era un muchacho que se sentía atraído hacia mí.

Empezó a cortejarme y poco a poco me fui enamorando de él. Fue mi primer amor; debo confesar que el único hombre que me enamoró conquistando mi alma.

Martín, representó un amor de niños donde todo es cristalino y transparente; no hubo engaños ni infidelidades en todo el noviazgo, el cual transcurrió con un aire de inocencia.

Evento traumático

8

¡Evento traumático!

Hasta aquí he narrado sobre los primeros años de mi infancia en los cuales fui una niña muy feliz, pero hay algo que no les he dicho, y es sobre uno de los episodios más dolorosos que he vivido.

Este suceso marcó mis años de inocencia, y me traumatizó tremendamente porque yo tenía aproximadamente nueve años cuando ocurrió.

Para ese entonces mamá me asignaba algunas responsabilidades en el hogar, como hacer uno que otro mandado o diligencia que a mis cortos años yo podía realizar.

En aquella época era costumbre cocinar para cada tiempo de comida.

A la hora de la cena, todo se servía fresco y recién salido de la olla. En nuestra familia no teníamos la costumbre de ir a cenar a un restaurant o comprar comida rápida como es común hacerlo hoy día.

Las tortillas se hacían frescas diariamente, el maíz se cocía en la casa y por las mañanas llevábamos el nixtamal al molino.

El nixtamal es el maíz que se mezcla con agua de cal para que se ablande, de ahí se coce y se lleva al molino donde se hace la masa para las tortillas.

Mi hermana mayor era quien generalmente hacía los mandados de la tienda, pero aquel día no estaba en casa y mamá me pidió que fuera yo a comprar la carne para la cena.

Eran aproximadamente las once de la mañana y ella empezaba a cocinar para que estuviera lista la comida a las tres de la tarde, cuando papá regresaba de su trabajo en la panadería.

"…Recuerdo que iba caminando y cuando ya estaba por llegar, un hombre aproximadamente de la edad de mi padre me pidió que lo ayudara con algo…"

Yo no entendí en que forma podía hacerlo, pero inocentemente acepté.

Dijo que iba a visitar una tía que vivía cerca del lugar.

Con su dedo apuntó hacia la calle, quería era que lo acompañara porque según dijo, le daba pena tocar la puerta de la casa a donde se dirigía.

Miró que yo traía el dinero que mamá me había dado para las chuletas y dijo que me lo guardaría para que después yo hiciera las compras al regresar.

Tomó mi mano y nos encaminamos en silencio hacia el lugar que había señalado.

Cuando cruzamos la calle dijo que ya faltaba poco para llegar.

Yo estaba muy asustada porque cada vez nos alejábamos más de la carnicería y nos acercábamos más al cerro.

Llegó al punto donde quise soltarme de su mano, pero él me la apretó con fuerza diciendo que ya casi llegábamos.

En el camino dijo que todavía no se veía la casa de su tía pero que ya estábamos cerca.

Para ese momento, yo ya había entrado en un estado de pánico, pero el terror hacía me paralizara y por esa razón no podía gritar.

Subimos al cerro y bajamos una cuesta donde no había casas, solo árboles y los nopales típicos que abundan en Zacatecas.

A ese punto yo quería escapar y una vez más quise soltarme de su mano, pero el hombre luchaba fuertemente por retenerme aún con más fuerza y no pude hacer nada para liberarme.

De pronto, el instinto de supervivencia dejó que saliera mi voz y grité con todas mis fuerzas, al grado que sentí que la garganta se desgarraba por dentro.

El hombre me tapó la boca y tomándome por el cuello intentó ahorcarme.

Traté de forcejear con él, pero no podía; cuando luchaba para defenderme, lo rasguñé, se enfureció y continuó apretándome la garganta.

Sentí que mi vida se me escapaba; creo que por unos segundos quedé inconsciente pues ya no tenía energía para luchar más.

Aquel hombre cruel y sádico, sin compasión alguna finalmente abusó brutalmente de mí.

Yo seguía luchando y gritaba con todas mis fuerzas; él, temeroso de que alguien escuchara volvió a tomarme del cuello y ahí fue donde perdí el conocimiento.

Cuando desperté era como si hubiera muerto; el día estaba soleado, pero yo lo veía gris y me sentía literalmente sucia.

Tenía la sensación de que mi alma se había fracturado en mil pedazos y no entendía nada de lo que había pasado.

Regresé caminando a casa; mis padres ya me estaban buscando; no recuerdo con exactitud en qué estado emocional y físico llegué, pero si tengo en mi memoria el rostro de mamá cuando me vio.

En ese tiempo no comprendía a ciencia cierta cuales serían las secuelas del trauma sufrido, pero hoy puedo decir con certeza que una parte de mi ser murió ese día.

No fui a la escuela por algún tiempo y recuerdo que mamá me atendió con gran esmero por muchos días sin permitir que me mirara al espejo.

Hay más que puedo decir sobre esta dolorosa y amarga experiencia, pero quizás algún otro día se los narraré. Probablemente para entonces estaré más preparada.

Lo que si les puedo asegurar es que nunca en mi vida antes de escribir sobre este suceso le había dado detalles a nadie.

El día en que Jenni Rivera, llevó a sus hijas y a su hermana al programa Escándalo TV conducido por Charytin, sentí una gran compasión y una enorme empatía por las niñas.

Pude experimentar el dolor de ellas en aquel instante porque el evento amargo que me había marcado durante la infancia volvía a resurgir de lo más recóndito de mis memorias.

Un sexto sentido

9

Un sexto sentido

Después de haberles platicado este suceso tan doloroso de mi vida, quiero compartir sobre algunos eventos ocurridos a través de los años.

Desde que tengo uso de razón he tenido experiencias místicas que para mí son inexplicables e imagino que también lo serían para muchos de ustedes.

Los eventos paranormales son sucesos difíciles de entender en esta dimensión terrenal que vivimos los seres humanos.

Tengo en mis memorias, repetidas ocasiones en las que vi entes que cualquiera hubiera dicho eran producto de mi imaginación, pero a medida que han pasado los años he entendido que no eran personajes imaginarios.

Cuando en uno de los capítulos anteriores, me he referido a vivir en un paraíso terrenal, no hablaba solamente del lugar, sino del ámbito familiar, físico y extrasensorial.

En varias ocasiones vi cómo se abría un portal que conducía a otro mundo que no pertenecía al plano físico en el que vivía. También, pude ver seres diferentes a nosotros, algo así como hadas.

Un día yo estaba sosteniendo una botellita de cristal en mis manos y tuve la experiencia de entrar dentro del envase a la vez que percibí una sensación muy placentera.

Durante mis años de adolescencia experimenté otros eventos y éstos los relaciono con algunas memorias de la infancia.

Una de las costumbres de mis hermanos y mía era ir por las tardes a la panadería donde trabajaba papá para llevarle la cena.

En el camino de mi casa a la panadería había una calle cerrada y yo sentía cierto temor de pasar por aquel lugar.

La razón por la que me intimidaba transitar por ahí era porque el sendero daba una vuelta donde ya no había visibilidad.

Cierto día vimos a una ancianita en esa calle por la que nos asustaba caminar.

Lo interesante es que, de ahí en adelante, cada vez que le llevábamos la cena a papá, la viejecita estaba parada en el mismo lugar. Nos acostumbramos a verla y perdimos el miedo a pasar por esa calle.

Así fueron pasando los años y cuando tenía aproximadamente catorce, vi la sombra de aquella señora pasar por el callejón.

Ese día íbamos varios amigos caminando, y yo le dije a uno de ellos que me acompañara a tocar la sombra de la anciana, pero no quiso y se fue.

...Me acerqué a ella, traté de tocarla y para mi sorpresa escuché su voz audible que dijo "no me toques..."

En ese momento supe que lo que mis hermanos y yo habíamos visto desde niños no era una anciana sino a un fantasma.

Otro suceso que recuerdo fue cuando ingresé a primer año de la escuela secundaria. Cierto día estaba con tres compañeras hablando y con uno de los maestros del colegio cuando sentí una caricia en la frente.

La sensación me transportó como si hubiera estado en una máquina del tiempo colocándome detrás del cuerpo de mi madre. La pude observar cuando me estaba pariendo y vi el momento en que nací.

Les cuento estas experiencias sobrenaturales que son ejemplos psíquicos, paranormales o místicos, como ustedes los quieran llamar pero que verdaderamente los he experimentado desde que tengo uso de razón.

El tema del libro no son estas experiencias; se las escribo porque de una manera u otra están ligadas a los sucesos que acontecieron después que yo conocí a don Pedro.

Si ustedes lo desean pueden tomar estos relatos como un preámbulo a los eventos que narraré más adelante.

El fantasma del pasado

10

El fantasma del pasado…

Lo que les he comentado anteriormente son simplemente eslabones que van conectando mi vida en Zacatecas hasta llegar al punto en que me encuentro hoy.

En los setenta se llevaron a cabo las Olimpiadas en México y algo que me encantaba hacer era mirar las competencias de gimnasia olímpica.

Por aquellos años yo estaba muy vulnerable y la campeona Nadia Comaneci, era alguien a la cual admiraba mucho.

Eso hizo que empezara a practicar gimnasia, la cual no solo produjo excelentes resultados para fortalecer mi condición física, sino que también fue una especie de terapia que recibí.

El hacer ejercicio diariamente ayudó a que yo tomara decisiones asertivas e hiciera conciencia que estaba llena de vida.

También balanceó mis emociones y entendí que tenía que dejar atrás el fantasma de aquel triste suceso ocurrido durante mi infancia y me propuse retomar las riendas para seguir adelante.

Conforme fui creciendo, terminé la secundaria y comencé una nueva etapa como estudiante universitaria. Cursé la carrera de enfermería e hice un año de servicio social.

Una vez graduada, trabajé en diferentes hospitales; sin embargo, aunque luchaba por olvidar las memorias nefastas del abuso que había experimentado a los nueve años, mi mente continuaba atormentándome día y noche.

Como si fuera una enfermedad degenerativa el trauma de aquel evento era imborrable y como no hablaba de ello con nadie, se arraigó en lo profundo de mi ser y se convirtió en un demonio atándome a la tristeza y a la depresión.

Solo pensaba en morir para descansar de aquel sufrimiento al sentir que yo no valía nada.

Cierto día descubrí que mi padre había dejado sin llave un cajón donde guardaba un arma de fuego cargada, que le habían dado como pago por un trabajo.

…" Como él no era hombre que usara armas, simplemente lo guardó en una gaveta bajo llave. En un momento en que no había nadie, yo la abrí sin permiso, y al ver el revólver pensé en acabar con el dolor que había cargado por años. Cuando lo tomé en mis

manos me imaginé el impacto que causaría a mis padres y hermanos si me hacía daño..."

Sabía que el recuerdo traumatizante del abuso al cual había sido sometida crecía dentro de mi echando raíces profundas; lo peor era que conforme pasaban los años me sentía cada vez peor.

Tratando de dejarlo atrás, intenté seguir con mi vida para enfrentar los nuevos retos que el destino tuviera deparados para mí.

Aunque no voy a narrarles con mucho detalle sobre cómo y porque emigré a Estados Unidos, si quiero adelantarles que, en el próximo capítulo, explicaré mejor la razón por la cual dejé México para venir a residir a este país.

Lo cierto es que vine de vacaciones y me hospedé en casa de mi hermano Gerardo, quien fue a recibirme al aeropuerto y se desvivió en atenciones para conmigo durante el tiempo que viví con él.

A los días de estar en Estados Unidos, me hicieron una oferta de trabajo. Yo había tramitado mi pasaporte en México porque en aquel tiempo laboraba en una de las clínicas del Seguro Social.

Mi hermano era muy reservado y no me preguntó respecto al trabajo que me habían dado.

Cuando empecé a trabajar, decidí a la vez entrar a la escuela y aprender inglés; dicho sea de paso, nunca fui muy buena aprendiendo el lenguaje anglosajón.

Después de unos meses de vivir en Estados Unidos volvió de nuevo a mí el entusiasmo que tenía desde niña de formar parte del mundo del espectáculo.

Con esta idea en mente, me inscribí en un curso de locución en la Ciudad de Hollywood donde uno de los profesores era el actor Carlos Agosti y otros reconocidos periodistas de la época.

En esta misma ciudad, en la calle Cahuenga, tomé otro curso de locución en el que uno de los instructores era un presentador muy conocido que se hacía llamar *"Chubi Du"*.

Yo trataba de escapar de la depresión, y las clases que tomaba me aliviaban el dolor que sentía por aquellos días.

Enfocada en mi profesión de enfermera la cual había obtenido en México, tomé otros cursos relacionados con la carrera en una escuela en Los Ángeles, California.

Con respecto a mi vida sentimental me hice novia de un muchacho y poco tiempo después me convertí en su esposa.

Aunque esta relación no funcionó, a través de ella, recibí una de las mayores bendiciones de mi vida, pues me embaracé de mi primera hija.

Este hombre no fue el mejor de los padres ni el mejor esposo porque no nos brindó amor, apoyo emocional, ni nos ayudó financieramente a mi o a nuestra hija.

No sé con certeza, si en aquel momento de mi vida hubiera hecho bien o mal regresándome a México, pero lo cierto es que tomé la decisión de quedarme a vivir en Estados Unidos.

Trabajé arduamente para mantener a mi hija; años después, me casé de nuevo y a raíz de ese matrimonio, di a luz a mi segunda hija.

Ese matrimonio tampoco prosperó y también terminó en divorcio, pero a esas alturas de mi vida yo me sentía bastante realizada con mis dos niñas que eran el motor que impulsaba mi vida para seguir adelante y yo como su madre, me propuse darles lo mejor de mí.

Un nuevo rumbo

84

11

Un nuevo rumbo

Les diré que mi carrera de enfermería estuvo directamente relacionada con la decisión de explorar nuevos horizontes en este país.

Cuando trabajaba en México en el Seguro Social, llegaron unas personas que venían de Nueva York, a contratar enfermeras para laborar en Estados Unidos.

Yo me interesé y me anoté con el fin de obtener una de esas plazas. Estas personas nos guiaron a matricularnos en unos cursos intensivos de inglés que impartían en los salones de la escuela de enfermería de la universidad.

Tiempo después nos explicaron que ya no estaban reclutando enfermeras, y ahí fue cuando me decidí a tramitar mi pasaporte y le escribí a mi hermano Gerardo diciéndole que quería ir de vacaciones a visitarlo.

En aquel tiempo él vivía en el área de Gardena en el estado de California. Llegué al

aeropuerto de Los Ángeles y como les dije
anteriormente mi hermano Gerardo fue por mí.

**"…Por cierto que estas *"vacaciones"*
son las más largas que he tomado, pues
ya tengo más de la mitad de mi vida
viviendo en California…"**

Es precisamente desde este hermoso estado
donde me encuentro hoy escribiendo este libro.

Al pasar los años he meditado mucho en cual
fue la razón por la que decidí estudiar enfermería
y viene a mi memoria una compañera de
secundaria quien padecía epilepsia.

Pienso que ella fue mi inspiración para
estudiar esta profesión porque al verla tan
enferma, yo me llenaba de compasión y quería
ayudarla.

Poco antes de graduarnos de la preparatoria,
tuvimos una asamblea en el colegio para conocer
las opciones de las carreras que podíamos
escoger; en ese momento opté por el campo de la
medicina.

Sin embargo, al informarme mejor sobre los
años que tendría que estudiar para convertirme
en doctora, pensé que era mucho tiempo para
poder ayudar a mi amiga de infancia que padecía
de epilepsia, la cual había sido mi inspiración
original para estudiar en el campo de la medicina.

Fue con ese propósito que antes de entrar a
la universidad tomé una clase de auxiliar en el
IMSS (Instituto Mexicano del Seguro Social)

aprovechando que se habían abierto las inscripciones para ese curso.

Cuando finalicé mi carrera, ya como enfermera graduada, empecé a trabajar en un hospital que quedaba en una ciudad como a cuarenta y cinco minutos de Guadalupe.

Después de un tiempo de trabajar ahí, obtuve una plaza en Nogales, Sonora, en una institución privada que era dirigida por monjas.

Aproximadamente al año de laborar en ese lugar, llegó una carta de mi hermana María de Jesús invitándome a su boda.

Las monjas se negaron a darme el permiso para asistir y no me quedó otra alternativa que renunciar a mi trabajo para ir a Guadalupe, Zacatecas, a aquel importante evento familiar.

Trazando mi destino

12

Trazando mi destino

Después de lo que he compartido hasta ahora, continuaré con esta historia y el rumbo que tomó mi vida cuando llegué a Estados Unidos.

Emigré en los noventa, pero regresé nuevamente a México un par de veces más mientras mi madre vivía.

Mamá falleció hace aproximadamente diecinueve años; tiempo después fui a ver a mi padre para acompañarlo; para ese entonces ya tenía a mis dos hijas y las llevé conmigo.

Mi papá vino a Estados Unidos a visitarnos varias veces. Me sorprendió mucho que viniera tres años consecutivos porque la tercera vez que lo vi fue la última. Ya para esa época yo estaba viviendo en Long Beach.

La razón por la cual yo trasladé mi residencia a Long Beach fue porque la relación con mi segundo esposo me puso en una situación de peligro y no encontraba una alternativa diferente que la inminente separación.

Cierto día tomé el valor y mis hijas y yo nos fuimos temporalmente al apartamento de mi sobrina Tatiana, que vivía en Long Beach, California.

Esta no era una de mis ciudades favoritas, por eso, no sé cómo terminé viviendo aquí.

Encontré trabajo cuando aún vivía con Tatiana mi sobrina, quien me brindó todo su apoyo en lo que mis hijas y yo necesitábamos.

Pasaron unas cuantas semanas y me mudé a mi propio apartamento, cambié de puesto porque encontré una mejor oportunidad de aplicar mis conocimientos como enfermera en un asilo de ancianos.

Un día cuando llegué del trabajo encendí el televisor sin la intención de ver ningún programa en especial.

Me senté en la sala de mi apartamento y aunque no era mi costumbre ver la televisión a esa hora, me llamó la atención que estaban transmitiendo un programa que me causó un gran impacto.

En ese instante vino a mi memoria el día cuando aún vivía con mi ex-esposo; yo había sintonizado el canal en el que se transmitía el programa Escándalo TV, conducido por Charytin.

En aquella ocasión Charytin estaba entrevistando a Jenni. Ella había ido al programa con su hermana y sus dos hijas para compartir

con el público la situación en particular, que
habían experimentado.

**"...Si en aquel día alguien me
hubiera dicho que Jenni Rivera se
convertiría en mi hijastra,
probablemente no lo hubiera creído..."**

Hoy más bien siento que el destino se
estaba riendo de mi porque en aquella época de
mi vida en lo que menos hubiera pensado era que
yo me convertiría en la esposa de su padre.

Cuando escuché a Jenni relatarle a
Charytin la situación por la que atravesaba, lo
único que sentí en mi corazón fue una inmensa
compasión porque su historia me identificaba
con aquellas tres niñas por lo que me había
pasado a mí.

Fue por esa razón, que me propuse la
meta de acercarme a ella. Yo no la conocía ni a
ningún miembro de la familia Rivera, pero desde
ese día me di a la tarea de encontrar la forma de
contactarla.

Por aquellos años yo era muy ingenua en
cuanto a cómo se manejan las cosas en el mundo
del espectáculo; pensaba que era fácil para
cualquier persona comunicarse con un artista tan
solo enviándole un correo electrónico.

Le escribí, pero no obtuve respuesta; sin
embargo, seguí con la idea de encontrar la
manera de contactarla y cierto día cuando estaba
viendo un partido de fútbol en un estadio, vi a
Piolín e intenté acercarme para pedirle su ayuda.

Quería preguntarle si me podría facilitar información sobre como ubicar a Jenni, pero no me fue posible porque el personal de producción de su programa no me lo permitió.

Cuando me mudé a Long Beach, me enteré de que la antigua casa de la familia Rivera estaba situada muy cerca de la calle en la que yo vivía.

No lo podía creer. ¡Aquella era una excelente noticia! El saber que estaba viviendo tan cerca de su casa, me llenaba de esperanzas; sin embargo, días después, indagando con los vecinos supe que la familia se había mudado.

Como este mundo es tan pequeño y las ciudades lo son aún más, cierto día una señora vecina me ofreció un sillón que ya no ocupaba, pero como estaba en buen estado, no lo quería tirar.

Yo acepté llevármelo a casa, pero era bastante pesado y su hijo, se ofreció a ayudarme.

Por coincidencia, ese muchacho había sido muy amigo de Lupillo y me dijo que de vez en cuando lo visitaba.

Este joven nuevamente me confirmó lo que me habían dicho a mi previamente, que la familia ya no vivía en esa casa.

Esperanzada con que aquel muchacho propiciaría un posible contacto con Jenni, me ilusioné pensando que por fin estaba cerca de alcanzar mi meta.

Yo sabía que de alguna manera algo o alguien me guiaría al encuentro con ella, pero no tenía la menor idea ni cómo ni cuándo.

Como no era su fan, no me interesaba su música o la de Lupillo, y eso me ponía en desventaja con mis deseos de encontrarla.

Mi hija menor Pao, asistía a la primaria de la escuela Garfield y ahí me enteré de que en esa misma institución había estudiado Jenni.

Aquel joven me dijo que la escuela estaba muy cerca de la casa en la que tiempo atrás vivieron los Rivera.

Ese muchacho también me dijo que en ese lugar todavía vivían algunos familiares.

Como traía fuego en el alma por encontrar a Jenni, sin dudarlo ni titubear decidí que iría a esa dirección para obtener algún tipo de información que me guiara a encontrarla.

Estaba totalmente decidida a hablarle, aunque no sabía qué le iba a decir; quizás solo buscaba consuelo o apoyo de su parte.

A la mañana siguiente después de dejar a Pao, en la escuela, fui caminando y toqué la puerta.

Me abrió un niño pequeño; tiempo después supe que era el nieto de la hermana de don Pedro.

Le pregunté si ahí vivía algún miembro de la familia Rivera; él dijo que no y yo le creí.

Ningún intento fallido me iba a desmotivar de la meta que me había propuesto de encontrar a Jenni; estaba totalmente identificada con la experiencia tan dolorosa que habían sufrido su hermana y sus hijas, por ende, no iba a abandonar la búsqueda.

Un día cuando venía de la escuela de buscar a Pao, pasamos a una dulcería y la tienda era propiedad de Karen, una amiga de Tatiana; lo cierto es que comenzamos a hablar de varios temas.

En la plática salió a relucir mi interés por contactar a Jenni. Karen, me dijo que ella tenía muchos años de vivir en Long Beach y que los conocía muy bien; no solo eso me dio la dirección donde vivía don Pedro.

Resultó que, por casualidad, era muy cerca de la casa de ella. Yo me puse muy feliz pues pensaba que, si contactaba a don Pedro, podría preguntarle por Jenni.

Karen me dio algunos datos de la calle de su domicilio y hasta me escribió las horas aproximadas del horario del trabajo del padre de Jenni.

La razón por la cual ella me dio esta información fue porque yo le dije que componía canciones y que mi interés era obtener información sobre como grabar un disco.

No quería por ningún motivo que nadie supiera la verdadera razón de mi búsqueda.

Eso lo tenía reservado para hablarlo con Jenni cuando Dios estableciera el momento en que nos encontráramos frente a frente.

Cómo conocí a don Pedro

13

Cómo conocí a don Pedro

Pienso hoy que la vida nos lleva por caminos que uno no se imagina que está destinada a recorrer.

Una mañana cuando llevé a Pao a la escuela Garfield, en vez de irme a casa como era mi costumbre, fui a la dirección donde Karen dijo que vivía don Pedro Rivera.

Cuando llegué me di cuenta de que era el mismo domicilio donde yo había tocado la puerta días atrás.

Ahora estaba segura de que esa era la casa donde él vivía. Me paré detrás de la cochera y esperé diez minutos hasta verlo salir.

Cuando vi a alguien afuera, supuse que era don Pedro, pero no logré verlo bien. La persona salió de la casa y se dirigió directamente al auto. Fue en aquel instante cuando tomé valor y me acerqué.

Estaba bastante nerviosa y con el pecho oprimido pensando que finalmente había encontrado la conexión con Jenni.

Por un instante quedé paralizada sin saber que decir o que preguntar, porque tenía la mente en blanco; pero muy dentro de mi estaba feliz, así que con gran seguridad toqué el vidrio de la ventana y él lo bajó inmediatamente; ese acto me puso frente a frente con el padre de Jenni.

"…Yo me incliné un poco para verle el rostro y le pregunté si era Pedro Rivera; él contestó amablemente "a sus órdenes…"

Yo me encontraba un poco nerviosa y no sabía cómo decirle si podía darme información sobre Jenni.

Don Pedro no tenía la menor idea sobre lo que yo le iba a decir e imagino que él mismo se preguntaba la razón por la cual yo estaba ahí.

Súbitamente y sin más preámbulos me preguntó a secas: "*¿Cómo te puedo ayudar? ¿De qué quieres hablar conmigo?*" Yo le dije que acerca de su trabajo. El aún más confundido respondió: "*¿Trabajo? ¿De qué trabajo?*" Aunque me sentía rara, de estar hablando con él y encima teniendo que fingir que lo había buscado por otro tema, tímidamente contesté: "*su trabajo, el de la música*".

Él me miró serio, y después de unos segundos de silencio, respondió: *"Mira ahorita no tengo tiempo porque voy para el gimnasio y es un poco tarde, pero dame tu teléfono y te llamo después".*

Yo también anoté su número y recuerdo que dijo: *"soy un hombre muy ocupado"*; sin embargo, prometió llamarme cuando tuviera tiempo. Para que quedara en mis contactos le marqué de inmediato y él contestó pensando que podía ser otra persona.

Me disculpé diciendo: *"Don Pedro, fui yo quien le marcó para asegurarme que este es el número correcto".* De ahí nos despedimos; yo pensé que no me volvería a contactar y solo me había pedido la información por cortesía.

Creí que no tendría tiempo para llamarme pues al parecer era un hombre de negocios con su tiempo muy limitado. Salí apresuradamente de la cochera para ya no hacerlo perder más tiempo, sin embargo, en el camino a casa iba muy pensativa, incrédula y dudosa.

Sentía una gran satisfacción de haber logrado aquel encuentro ya que muy dentro de mi ser tenía una pequeña esperanza de volver a hablar con él, aunque yo lo dudaba.

Ahora al menos sabía dónde vivía; eso me daba tranquilidad pues pensaba que en cualquier otro instante podría tocar su puerta nuevamente y quizás, don Pedro se acordaría de mí.

Transcurrió la mañana, yo estaba muy ocupada haciendo algunos quehaceres en la casa, sin embargo, tenía un sentimiento de agradecimiento y tranquilidad por el contacto hecho con don Pedro, aunque sabía que aún estaba muy lejos de cumplir con la meta que me había propuesto.

Aquella tarde estaba cocinando pescado para la cena, cuando oí timbrar el celular.

Cuál fue mi sorpresa al contestar y escuchar la voz de don Pedro al otro lado de la línea cuando simplemente dijo: *"Ya estoy aquí en casa, te espero, pero pronto, porque me acuesto temprano; mañana vuelo para New York."*

Me puse nerviosa porque para mí fue algo inesperado recibir su llamada; estaba casi segura de que no lo haría tan pronto.

Le contesté que en un rato llegaba, me preocupé porque como les dije anteriormente, me encontraba cocinando pescado y no me sentía cómoda yéndome así.

Decidí darme un baño rápido, cuando salí de la ducha otra vez timbró mi teléfono; era nuevamente don Pedro.

Su voz sonaba más impaciente aún, parecía molesto. *"Ya no vengas, te dije que madrugo y tengo que acostarme temprano."*

Simplemente respondí *"Está bien don Pedro, pero ya iba en camino; es que estoy yendo a pie."*

El colgó y me sentí muy desanimada pues en aquel momento creí que el peso de aquella conexión era mío únicamente.

Mientras pensaba en esta situación, don Pedro volvió a marcar y me dijo *"Bueno ven, te espero, pero apresúrate."*

Invité a Nani, mi hija mayor, que fuera conmigo porque en el fondo, tenía cierto temor de reunirme con él a solas; ella no sabía que la meta de aquella visita era contactar a Jenni, ni tampoco la razón por la cual íbamos a esa casa.

Cuando llegamos, su hermana abrió la puerta. Me sentí más tranquila porque yo pensaba que don Pedro nos recibiría en una oficina a solas y ese pensamiento me hizo sentir incómoda, pero para mi suerte, las cosas no sucedieron como imaginé.

Pasamos a la sala y ahí nos sentamos él, mi hija Nani, su hermana y yo; todos nos encontrábamos en sillones separados.

Observé que estaba dispuesto a escucharme; yo me puse muy feliz porque le notaba una actitud distinta a la que tenía cuando hablamos por teléfono.

Me sentía un poco más confortable y él inició la conversación haciéndome una serie de preguntas; yo todavía, un poco intimidada, no me atreví a decirle el verdadero motivo de mi visita.

Don Pedro, ajeno a mis pensamientos ni por la mente le pasaba que quería preguntarle como podía contactar a su hija Jenni.

Se comportó muy amable, dándome la impresión de que no le urgía tanto irse a dormir. Cuando dije que componía canciones, no le mentía, pero era una verdad a medias pues aquella visita no tenía nada que ver con mi talento de componer.

Sin embargo, no me atrevía a preguntarle por Jenni porque no conocía detalles sobre la familia Rivera y su vida.

En un principio ni siquiera sabía de la relación consanguínea que existía entre Jenni y Lupillo porque yo no era fan de ninguno de los dos.

Mi único propósito era buscar a Jenni para hablarle del caso particular del abuso que habían sufrido sus hijas y su hermana y contarle mi propia historia.

Ajena estaba yo de pensar que aquella tarde cuando por primera vez me entrevisté con don Pedro, mi vida se enfrentaría a una serie de acontecimientos inesperados que estaba lejos de imaginar.

Por ignorancia o por ingenuidad, no tenía la menor idea que mi historia estaba tomando un nuevo rumbo.

Mi destino me estaba llevando por un sendero desconocido al cual Pedro Rivera también estaba siendo guiado para jugar el rol de esposo en mi vida.

Nunca imaginé que esa primera visita, sería el comienzo de una relación entre ambos; tampoco me pasaba por la mente que en un futuro sería la señora Rivera.

Así empieza nuestra historia

14

Así empieza nuestra historia

Conforme la conversación avanzó, el ambiente se hacía cada vez más agradable. Al parecer a don Pedro le parecían graciosas las respuestas que yo daba a sus preguntas.

Como lo sabe hacer muy bien hasta este día, lanzaba grandes carcajadas, cada vez que yo decía algo; su risa me molestaba y así se lo dejé saber.

Seriamente le dije que, aunque él se riera de lo que yo le decía, era la verdad. Yo no había llevado ninguna de las letras de las canciones, pero en mi casa, tenía varias que le podía mostrar.

Sentí un poco de pena cuando él me pidió que cantara "a capela". Cuando uno canta a capela, lo hace sin ser acompañado por algún instrumento musical.

Ese primer día hablamos por alrededor de treinta minutos y quedamos de acuerdo en que le traería las letras de mis canciones.

Observé algo muy especial de su parte, cuando estábamos a punto de retirarnos; él muy amable se ofreció enseñarnos la casa.

Al finalizar la conversación me dijo que era una persona muy humilde y que vivía de una manera sencilla. Recorrimos la casa donde vivía su hermana mientras don Pedro continuaba con su relato explicándonos que esa casa era de su propiedad.

Luego nos llevó a otra casa y dijo que ahí era donde había criado a sus hijos.

Cuando entramos a la segunda casa, me platicó que tenía un hijo llamado Juan Carlos e incluso me enseñó su foto.

En aquel momento yo no sabía nada de su familia ni que don Pedro tuviera un hijo tan pequeño.

"…El niño de la foto tendría alrededor de cinco o seis años, con cabellos rubios y se miraba encantador; a don Pedro se le notaba el orgullo cuando me mostró su fotografía…"

Como había dicho que tenía que dormirse pronto yo supuse que al despedirnos se quedaría en su casa, pero sorprendentemente se ofreció llevarnos a la nuestra.

Le dije que no se preocupara porque nosotras vivíamos muy cerca de ahí y le recordé sobre tener que levantarse muy temprano al día siguiente.

Sin embargo, insistió tanto que finalmente acepté y nos subimos a su auto, un Lexus blanco de dos puertas. Camino a casa él continuó preguntándome sobre mi vida personal.

Yo sentía como si estuviera dentro de un confesionario, porque todo lo que me preguntaba era muy privado y eso me hacía sentir un poco incómoda, pero una a una le respondí sus preguntas.

Cuando llegamos a mi casa, se quedó pacientemente sentado en el auto como si no tuviera prisa alguna y siguió platicando conmigo.

Como el vehículo era de dos puertas mi hija Nani, quien estaba sentada en el asiento de atrás no podía salirse hasta que yo me bajara por lo tanto estuvo en el auto hasta que terminó la tertulia.

Finalmente, don Pedro se despidió amablemente y nosotras entramos a la casa.

Quedé muy pensativa con las preguntas que me había hecho mientras estábamos en el auto. Meditaba en porque le había permitido a un señor a quien apenas conocía que me cuestionara sobre asuntos personales.

La noche siguiente entró una llamada a mi celular y como todavía no había puesto su nombre en mis contactos no reconocí el número.

No imaginé que pudiera ser don Pedro cuando contesté. Al otro lado del auricular escuché su voz cuando dijo: *"Soy Pedro ¿Cómo estás?"*

Fue algo inesperado porque ni idea tenía que fuera a llamar sin tener una cita previa o una razón para hacerlo. A partir de esa noche, empezó a formalizarse la relación de Pedro y Juanita.

Fue una excepción a sus reglas, que iniciara ese tipo de conversaciones conmigo, ya que hasta el día de hoy dice que no tiene tiempo para hablar de otra cosa que no esté relacionada con su trabajo.

No entiendo como llamó simplemente para conversar y menos me explico aún que la charla continuara hasta las dos de la mañana.

Yo misma perdí la noción del tiempo mientras platicábamos de varios temas. Seguía pensando en cómo le haría para preguntarle si me podía ayudar a contactar a Jenni.

No era fácil para mi hacerle aquella pregunta, pero yo sabía que había encontrado a la persona más cercana que podía llevarme hasta ella.

Ahora lo difícil sería abordar el tema, porque yo no le tenía la suficiente confianza para nada más decirle qué quería hablar con su hija.

No imaginaba la reacción de don Pedro al escuchar mi petición. Aunque lo conocía muy poco, no concebía en mi mente que él tan fácilmente dijera "toma, aquí está el teléfono de Jenni para que le hables."

Por ese tiempo yo trabajaba de ocho de la mañana a las cinco de la tarde, y desde ese día empecé a escuchar en la radio noticias sobre la familia Rivera, específicamente sobre don Pedro y Jenni.

Una de las noticias que había oído era de *"El perico"* que en paz descansé; él trabajaba en el programa del reconocido locutor *"El Genio Lucas"* y ese día escuché en la radio que estaban hablando mal tanto de don Pedro como de Jenni.

Aquel día supe por primera vez que me molestaba que *"chismearan"* sobre ambos, aunque apenas estaba conociendo a don Pedro.

Después de aquella larga conversación que habíamos tenido por teléfono hasta horas de la madrugada, no nos volvimos a comunicar por algún tiempo.

Una mañana alrededor de las 8:00 am don Pedro me volvió a sorprender con una llamada para invitarme a ir a la playa. Yo le pregunté si iríamos aquel mismo día y el respondió, *"si, ahorita mismo".*

Yo extrañada le dije que, si no era muy temprano o si tenía que trabajar, y él respondió que no tenía un horario establecido de trabajo.

Como a mí me interesaba buscar la manera de hacerle la pregunta de cómo podía contactar a Jenni, acepté el paseo y pocos minutos después, don Pedro estaba a la entrada de la escuela Garfield listo para que fuéramos a la playa.

La escuela estaba muy cerca de su casa; era la hora de entrada de los estudiantes. Dejé a mi hija Pao y nos fuimos; cuando caminamos hasta la orilla él me platicó sobre como empezaron sus visitas a la playa.

Dijo que cuando iba a correr subía y bajaba los escalones del mirador porque esa era su manera de hacer ejercicio.

También habló sobre otros temas, me dijo que le gustaba correr en la playa con sus perros; luego subimos las gradas de las que me había hablado.

Pienso que estaba tratando de hacer un buen ambiente para que el momento resultara grato para mí, e inesperadamente intentó darme un beso.

A mí no me pareció bien que me besara y me retiré, pero en ese instante, sucedió algo que nos llevó al momento en que estamos ahora.

Cuando teníamos algún tiempo de conocernos, un día don Pedro llegó con unas fotografías que nos había tomado un paparazzi sin nuestro consentimiento.

Se las habían tratado de vender a su ex-esposa y hasta hoy, no entiendo porque don Pedro me entregó aquellas fotos si no volvimos a tocar ese tema.

Conforme pasaba el tiempo cierto día me animé a preguntarle si tenía trabajo para mí.

Pensé que, si trabajaba para don Pedro, podría hablar con "mi querida Jenni;" en ese momento era "mi querida Jenni" aún sin conocerla.

El me preguntó si yo haría lo que fuera. Yo le dije que sí mientras no se saliera del marco legal y él se sonrió.

A partir de ese momento, empecé a trabajar con don Pedro. Íbamos a muchos lugares a diferentes eventos y actividades, en los que también vendíamos discos y posters.

En el próximo capítulo les compartiré algo insólito que pensé mucho, antes de escribirlo porque sé que será muy impactante, así como lo fue para mí en su momento.

Enfermedad y tinieblas

15

Enfermedad y tinieblas

El propósito de este libro es hablarles con mucho respeto y con la verdad clara de los eventos tal como sucedieron.

Cierto día estando en mi casa, llegó a visitarme mi sobrina Tatiana y en su mirada noté que su visita no era simplemente para saludarme.

Empezó diciendo: *"Tía, la hermana de una de mis compañeras de trabajo dice que tu vida dará un cambio drástico"*

En aquel momento no reaccioné, la escuché y no le di importancia a aquella premonición que venía de alguien que yo no conocía.

No sabía quién era la compañera de trabajo de mi sobrina, menos, tenía información sobre su hermana. Por eso no le pregunté nada más sobre lo que me estaba tratando de decir.

Supe tiempo después que Carla era el nombre de la compañera de trabajo de mi sobrina Tatiana y Hermelinda era su hermana.

Pasó el tiempo y nuevamente Tatiana me visitó; casualmente coincidió con que don Pedro estaba en el parqueo.

Ella ignoraba que yo había contactado a don Pedro ni que estaba trabajando con él.

Tatiana, sin conocer mi relación con Pedro Rivera me volvió a hablar sobre la premonición anterior.

Esta vez dijo: *"Tía, la señora dice que tú vas a conocer a una persona que va a marcar el curso de tu vida".*

Al momento, sentí algo que no lo puedo explicar con palabras, pero si recuerdo que le dije: *"A qué no sabes a quien conocí?"*

Ella sorprendida me miró un poco curiosa y dijo: *"¿A poco ya encontraste a Jenni Rivera?"*

Como a mi sobrina Tatiana yo le había pedido el favor que me ayudara a enviarle correos electrónicos a Jenni, ella asumió que al fin tenía noticias.

Le respondí: *"No, al que conocí fue a su papá"*

Me miró sorprendida y dijo: *"Claro, de eso era lo que hablaba Hermelinda, la hermana de Carla".*

En el instante no hubo reacción de mi parte, pero si le dije *"ven te lo voy a presentar."*

Ambas salimos al estacionamiento, donde se conocieron y se saludaron.

Pasaron los días y conforme yo trabajaba con don Pedro me daba cuenta de que estaba muy delicado de salud.

Iba con frecuencia a México a ver a los doctores; yo lo veía muy demacrado además de que tosía mucho.

Por ese tiempo a don Pedro lo habían entrevistado en el programa de "Primer Impacto." La entrevista tomó lugar en su hogar. En esa ocasión, don Pedro les mostró la casa y les habló de él en general.

Cuando salió el programa al aire, el canal anunció que don Pedro vivía en un estado precario mientras que sus hijos estaban teniendo tanto éxito.

Días después fui a organizar su casa al haber escuchado en el programa que él vivía solo y que tenía dos años de no cambiar las sábanas de su cama; eso motivó mi deseo de ayudarlo.

Observé que él me lo quería pedir porque se quedó mirándome por unos segundos y luego dijo:

"Me da vergüenza que lo veas, yo mi cuarto no se lo abro a nadie."

Inmediatamente respondí: *"No diga eso don Pedro, yo lo aseo y no se preocupe, ya debe de necesitar una buena limpieza."*

Dudando un poco me miró y caminó hacia la recámara, la abrió y luego se fue a la oficina a trabajar.

...''Escribo estas líneas sin juzgar a nadie, simplemente no puedo dejar de compartir aquí con el cuadro que me encontré al entrar en el dormitorio de don Pedro Rivera''...

El cuarto estaba en tinieblas, no se veía nada no entraba ni un solo rayito de luz de afuera ni de adentro de la casa.

Me dispuse a abrir las ventanas que estaban cubiertas con cortinas además de unas cobijas muy oscuras para evitar que entrara la luz.

Al quitarlas me encontré la cama donde dormía don Pedro.   La cabecera estaba detrás de una de las ventanas que daba al patio y fue ahí cuando sentí un escalofrío espeluznante. Vi unas sombras horrorosas de aspecto macabro que estaban prisioneras en la habitación.

El ambiente se sentía denso o más bien, pesado. Yo percibía una energía terrible que estaba atrapada en aquel dormitorio.

Realmente mi mente no lograba captar todo lo que estaba viendo. Mi razón no entendía el extraño panorama que rodeaba la cama de don Pedro.

Me parecía como si estuviera en un cuarto en el que se estaba filmando una película de horror.

Encima del cielo raso se había formado una especie de fango verdoso con cilios que tenían movimiento como si el aire de un abanico los estuviera meciendo fuertemente.

En la cabecera de la cama había algo similar pero aún más crecido que cubría la ventana que aún al abrir la cortina y quitar la cobija no se podía ver hacia afuera.

Sentía como si estuviera parada en un portal que daba a una selva tenebrosa en la que había crecido musgo verde por el exceso de humedad.

Del marco salían unas tiras que llegaban al cielo raso. Tenían una apariencia filante que cubría las paredes y los vidrios.

No podía creer lo que estaba mirando pues cualquiera que estuviera viendo la casa por el lado exterior hubiera dicho que tenía una apariencia normal.

Para estar segura salí al patio que daba al cuarto de don Pedro y lo comprobé.

Cuando entré de nuevo a la habitación, experimenté otra vez aquel escalofrío macabro del primer momento.

Al corroborar que por fuera todo se veía normal armándome de valor, me repetí a mí misma que aquello era solamente parte de la imaginación.

Pero no fue así porque al ingresar de nuevo, volví a encontrarme con las mismas escenas que había visto al principio.

Hice caso omiso a lo que estaba mirando y me dispuse a limpiar todo el fango y el cuarto quedó impecable.

Aun así, el ambiente se sentía muy pesado como si alguna fuerza extraña estuviese vigilando la habitación de don Pedro.

Ese día yo no sabía si don Pedro había visto lo mismo, el hecho era que su salud estaba muy quebrantada.

Tan grande era el problema sanitario en aquella casa que hasta yo me enfermé al estar tan cerca de él. Por mucho tiempo no relacioné su estado de salud con los sucesos del día en que limpié su habitación.

Sin embargo, haciendo memoria como dice la canción, don Pedro estaba *"flaco, ojeroso, cansado y sin ilusiones."*

Una vez pasaron todos aquellos acontecimientos espeluznantes, yo no lo volví a ver mal; es más, ni siquiera cuando falleció su hija.

Frustración e impotencia

16

Frustración e impotencia

Mi relación con don Pedro desde un principio fue trabajar muchas horas incansablemente. Asistíamos a eventos algunas veces de lunes a viernes y otros los fines de semana.

Prácticamente no teníamos tiempo para otra cosa. Cierto día recibí una llamada de mi sobrina Tatiana, para saludarme y a la vez decirme que Hermelinda la hermana de su compañera Carla quería vernos.

Yo sorprendida le dije: *"Ver... ¿A quiénes?"*

Muy segura de lo que decía respondió: *"a ti y a don Pedro; Hermelinda, quiere verlos a los dos".*

No salía de mi asombro y le pregunté de nuevo: *"¿Para qué nos quiere ver?"* y Tatiana me respondió de inmediato a secas: *"No sé".*

Ese día ella no me dio mucho detalle, pero después reiteró que Hermelinda estaba preocupada sobre la salud de don Pedro y la mía. Dijo que también estaba confundida y no entendía bien la razón por la cual nos quería ver.

Yo no le mencioné a don Pedro nada de lo que dijo Hermelinda porque además del trabajo excesivo, no le tenía la confianza para platicar sobre algo así.

Como ya lo conocía, sabía perfectamente que él no trataba otros temas, solo los que estuvieran relacionados con su trabajo o negocios que tuvieran que ver con su empresa.

Cuando asistíamos a los múltiples eventos, don Pedro participaba junto con otros artistas y yo era la encargada de poner una mesa para vender los discos, posters, camisetas además de otros artículos. En esos días era muy difícil encontrar la ocasión para hablar de otro tema.

Uno de los tantos proyectos que hicimos juntos fue un tequila con su imagen que alguien le propuso, como un nuevo negocio.

Mayra Todd fue su representante de ventas para este nuevo proyecto. Esa fue una etapa crucial en nuestra vida porque trabajábamos de sol a sol promoviendo el tequila en tiendas, licoreras, autoservicios, restaurantes y en cada evento en el que don Pedro se presentaba.

Algunas veces organizábamos actividades exclusivamente para presentar el tequila y era muy impresionante para mí, ver a Mayra y a don Pedro en una lucha incansable por darle promoción a este nuevo negocio.

Aunque esta época fue una batalla desafiante, solo nos dejó buenos recuerdos a todos. Ya para ese tiempo él y yo nos relacionábamos en todas las formas posibles y había más confianza entre nosotros.

Pero, como de costumbre, las conversaciones giraban la mayoría del tiempo sobre su trabajo y en pocas ocasiones hablábamos de temas personales.

Cierto día me animé a contarle mi historia sobre el abuso al que yo había sido sometida cuando tenía nueve años.

Sentí la necesidad de decírselo para que entendiera la importancia que tenía para mí el contactar a su hija Jenni.

Busqué sutilmente la manera y el momento oportuno. No quería lastimarlo, pero necesitaba que comprendiera el motivo por el cual yo lo había buscado originalmente.

Como entenderán el abordar ese devastador tema, era muy difícil; mi desahogo no sucedió de un momento a otro, sino que se dio poco a poco por medio de pláticas que algunas veces se postergaban para ser continuadas después.

Llegó el día en el que ambos estábamos relajados; y armándome de valor le conté sobre mi trauma. Pensé que él se identificaría con mi historia por ser tan similar a lo que les había ocurrido a sus dos nietas y a su hija menor.

Le dije como me sentía; él oyó, pero al parecer no escuchó porque al pedirle que me ayudara a hablar con Jenni, lo sentí frío y lejano y contestó a secas: *"Yo no soy tu mandadero"*.

"...La sangre se me fue hasta los talones y era tal la decepción, que como él mismo suele decir, me fui pisando altos y bajitos..."

Mi sobrina Tatiana continuaba diciéndome que Hermelinda deseaba hablar conmigo.

Un día sin más preámbulos le pregunté: "*¿Tú le dijiste a Hermelinda que yo conozco a don Pedro?*"

Ella me aseguró que no lo había hecho y me contestó: *"No, tía yo no le he dicho de quién se trata además Hermelinda no es persona que ve televisión latina ni creo que sepa nada sobre la historia de ellos."*

Aun así, me sentía inquieta con la idea de ir a hablar con Hermelinda y mucho menos que don Pedro me acompañara.

No le mencioné a ella sobre lo que había visto en el dormitorio de don Pedro. Por otra parte, haberle contado mi historia a él, y que no se conmoviera en lo absoluto, me hizo sentir muy desanimada y desilusionada porque ahora sabía que no contaba con su ayuda para contactar a Jenni.

Estaba rota por dentro, sin embargo, decidí ir a ver a Hermelinda. Un día me dije: *"Espérate Juanita si Hermelinda no conoce a don Pedro y no sabe quién es, entonces date la oportunidad tú de averiguar porque quiere hablar con los dos"*

Así fue como decidí llamarla y aunque contestó un poco cortante, me animé a decirle: *"Hermelinda soy Juanita, dice mi sobrina, la compañera de trabajo de su hermana Carla que usted está interesada en hablar conmigo."*

Traté de forzar la conversación y llevarla a cierto punto para que me adelantara sobre lo que quería hablar conmigo.

Ella simplemente contestó: *"Si te quiero ver porque hay algo muy oscuro que les rodea."*

Pensé inmediatamente en la habitación de don Pedro, pero si de algo yo estaba segura, era que a una extraña no le narraría mi experiencia.

Me entró curiosidad y quedamos en que iría a visitarla. Nos pusimos de acuerdo en el día y la hora y fui a la cita acompañada por mi sobrina Tatiana.

Cuando llegamos noté que, aunque Hermelinda había propiciado aquel encuentro conmigo, se mostraba distante, como que en cierta manera rechazaba mi presencia.

Súbitamente me dijo que el tema que ella quería discutir era tan siniestro, que ni siquiera se atrevía a mirarme a la cara.

Sus palabras me confundieron porque no entendí muy bien lo que trataba de decirme. Yo estaba inquieta e incómoda y regresé a la casa tan pronto como pude.

En esos tiempos me había ocupado más que de costumbre porque Juan Carlos el hijo de don Pedro por cuestiones de custodia, lo visitaba dos veces al mes.

De fin de semana de por medio teníamos al niño con nosotros y lo llevábamos donde don Pedro se presentaba.

A él le habían dado la oportunidad de cantar en la Placita Olvera. Las presentaciones en la placita, encima de todos los demás proyectos que teníamos en agenda, hicieron que dejara de lado mi meta de hablar con Jenni.

A esas alturas ya era un poco complicado buscarla pues yo estaba más envuelta en la vida de don Pedro y por lo tanto aquel encuentro se hacía cada vez más lejano.

Además, yo había perdido el entusiasmo por hablar con ella porque trabajar con don Pedro era toda una aventura y en cierta manera me había desenfocado sobre mi idea original.

Los fines de semana llegábamos a la Placita Olvera y para empezar el día conectábamos unas bocinas muy grandes en las que se escuchaba la voz de don Pedro cuando cantaba.

Los días que Juan Carlos iba con nosotros, él también cantaba y aunque estaba pequeño, nos ayudaba en lo que podía.

Tantas cosas pasaron durante ese tiempo que sería muy largo explicarlo en este libro, pero algo muy importante fue, el distanciamiento que tomó lugar entre don Pedro y algunos de sus hijos, cuando se transmitió el programa de Primer Impacto y la noticia sobre el estado precario en que vivía don Pedro.

El haber dicho que don Pedro estaba en la ruina mientras que ellos gozaban de grandes riquezas, les afectó mucho a algunos de los miembros de la familia Rivera.

Don Pedro había sido el fundador de la Empresa Cintas Acuario y para ese entonces, sus hijos mayores ya no trabajaban con él.

Por esa razón, yo era la que lo acompañaba a todos los eventos donde él se presentaba. Fue por este tiempo cuando empezó una especie de "cacería" por parte de la prensa hacia nosotros.

En esos días yo miraba la persecución de los medios de comunicación desde otro punto de vista, pero si veía claramente que don Pedro se cuidaba mucho de exponerse conmigo.

Cuando los reporteros se comenzaron a acercar a nosotros, nos veían juntos y trataban de hacer noticia con nuestra relación, pero no les dimos la oportunidad.

Yo todavía respetaba mucho a su familia y tenía muy presente el motivo por el cual había contactado a don Pedro.

No quería que se le diera otro enfoque a lo nuestro porque todavía guardaba una leve esperanza de cumplir con mi meta de hablar

Dos encuentros importantes

17

Dos encuentros importantes

Como artistas que eran Lupillo y Jenni, cada uno tenía sus propios conciertos. Tanto ella como Lupe le regalaban a don Pedro, boletos de primera clase, sobre todo cuando se presentaban en Los Ángeles o en áreas cercanas.

Cierto día don Pedro me invitó por primera vez que fuera con él a una de las presentaciones de Lupe.

Nunca había estado en un evento de su hijo, sin embargo, quise apoyar a don Pedro y acepté su invitación.

Como dije anteriormente, no era fanática de Lupillo, pero igual disfruté el concierto y hasta me emocioné al escucharlo cantar.

Invité a Nani, mi hija mayor y don Pedro nos señaló nuestras butacas que estaban situadas en las filas principales; observé que él se fue para el otro extremo del teatro.

Hoy todo eso lo veo muy claro; era obvio que no quería que su familia, principalmente sus hijos y la madre de ellos, nos vieran juntos.

Antes de entrar, nos señaló los asientos y estaban localizados detrás de donde se encontraba su ex-esposa con uno de sus familiares.

Gustavo, el hijo de don Pedro, estaba al costado izquierdo de la fila donde nos hallábamos nosotras. Sus fanáticos estaban con él y yo pensé que era una buena idea que mi hija se acercara a él para pedirle una foto.

Yo sabía que con Lupillo sería prácticamente imposible obtener una fotografía. Ella se dirigió hasta donde Gustavo se encontraba y aun con él estaba difícil hacerlo pues se había acumulado una gran muchedumbre a su alrededor.

La multitud no le permitió a mi hija Nani obtener la foto en aquel instante y él como no nos conocía, no hizo ninguna excepción para con ella.

Gustavo finalmente se desocupó y sucedió algo muy hermoso; se acercó donde estábamos nosotras y le dijo a Nani: *"ahora si nos podemos tomar la foto."*

Fue un gesto muy noble de su parte pues sin conocernos, tuvo la amabilidad de acercarse a nuestros asientos y posar con ella.

"…Tanto Nani como yo éramos dos personas más en el concierto de

Lupillo porque nadie de la familia, sospechaba nuestra relación con don Pedro…"

Rosie y su marido quien en ese tiempo era su novio, también se encontraban ahí.

La ex-esposa de don Pedro se volteaba de vez en cuando y miraba hacia atrás, nos veía, pero obviamente no experimentaba ningún tipo de emoción.

Así transcurrió el tiempo y días después de este concierto, mi sobrina Tatiana me invitó a ir con ella donde Hermelinda, porque aparentemente tenía una diligencia que hacer en su casa.

Cuando llegamos ella entró a la cocina y yo me quedé en la sala. Las escuché que platicaron por un rato y luego Hermelinda me ofreció una taza de té.

Al quedar a solas con Hermelinda, ella me dijo: *"Sabes, es muy importante que ustedes se traten."*

Como no tenía claro lo que ella quería decirme, le pregunté a qué tipo de tratamiento se refería y quienes éramos los que nos teníamos que tratar.

Hermelinda me contestó que se refería a don Pedro y a mí, y que era algo muy serio porque ella sentía una mala vibra o energía muy negativa que olía a desgracia.

Le pregunté nuevamente que me aconsejaba. Hermelinda contestó que ella no sabía realmente, pero que lo único que me podía decir era que esa atmósfera que percibía en nosotros debía ser sanada.

Me explicó que no tenía experiencia trabajando con casos de ese tipo y que lo único que podía ofrecerme era rezar por nosotros.

Dijo que conocía a alguien que si podría ayudarnos. Yo no entendía como era posible que ella percibiera eso y al mismo tiempo no supiera cómo guiarnos.

Ahí fue cuando me platicó que desde que era una niña de seis años, ella sabía que tenía el poder de ver algunos sucesos más allá del plano material pero que probablemente no había desarrollado el don de sanidad.

Yo no le había platicado sobre lo que vi en el cuarto de don Pedro el día que lo limpié, ni tampoco se lo pensaba narrar.

Le pregunté si era posible que nos ayudara de alguna forma y me dijo que de la manera que podía contribuir a la sanación era por medio de la oración.

Yo no le había querido decir a don Pedro sobre Hermelinda, pero ella me dijo: *"Dile al señor Rivera que venga a verme"*.

Como yo la vi muy seria y preocupada, se lo comenté a don Pedro y él accedió ir conmigo a visitarla.

Después de esa vez, don Pedro y yo nos fuimos a la casa y continuamos con nuestra rutina de trabajo.

Hombro a hombro con don Pedro

18

Hombro a hombro con don Pedro

Después que don Pedro y yo visitamos a Hermelinda, el aire a nuestro alrededor se tornó un poco extraño. Yo seguía trabajando con él en todos sus proyectos sin objetar nada. Por ese tiempo ya teníamos una mayor convivencia.

Para el 2011 don Pedro me comentó que la compañía de Cintas Acuario sufriría algunos cambios importantes. Quedaban pocos empleados trabajando en la empresa y aún el que repartía los discos en los centros de distribución y en las tiendas ya estaba a punto de irse.

Dos meses más tarde, la secretaria, quien era una de las últimas empleadas, se fue y al irse ella, solamente quedó el gerente.

Esta fue una época en que ninguno de sus hijos ni otros familiares ayudaron a don Pedro quizás por eso me sugirió que le preguntara a mi hija Nani si quería trabajar con él. Ella muy feliz aceptó, mientras que nosotros trabajábamos fuera de las oficinas.

Durante la semana yo iba a Cintas Acuario, pero en horarios diferentes al de mi hija y al del gerente. Así fue como conocí a los hijos de don Pedro, pero ellos no sabían quién era yo.

Trabajar con el señor Rivera es trabajar duro y no es nada fácil ni tampoco tiene nada de glamur; como dice el dicho "hay que aventarse al ruedo de sol a sombra", para ganarse el pan porque para él, el trabajo es su prioridad.

Simplemente les estoy narrando como es nuestra vida, aunque mi intención no es quejarme de nada, pero escucho muchos comentarios de personas que hablan sin base alguna sobre mi matrimonio con don Pedro.

Mi trabajo a su lado por los años que llevamos juntos ha sido arduo, y no ha estado lleno de viajes de placer ni tampoco de vacaciones de lujo.

En lo que llevo conviviendo con él como su esposa, he tenido que sacrificar la compañía en familia y días festivos con mis hijas para apoyarlo.

"...Don Pedro, es una empresa caminando. Sin embargo, les repito,

no me quejo, pero si hieren los comentarios de las personas que juzgan tan duramente sin conocer la situación real ..."

Yo honro el ejemplo que me dieron mis padres, los cuales me acompañan por la vida; ellos decían que lo que uno hace debe realizarlo por amor y exactamente en esa filosofía es que me baso.

Lo único que he hecho hasta este día es equilibrar el deber de criar mis hijas al mismo tiempo que cumplir con el compromiso que me propuse y hacerlo lo mejor posible.

Fui colocada por mi Creador en un lugar en este mundo en el que he encontrado la felicidad junto a ellas las cuales son mi razón de vivir.

La preocupación que Hermelinda sentía por nosotros había quedado en el aire en algún lugar del espacio, sin embargo, creo que de una u otra manera este asunto de Hermelinda se ha visto reflejado en nuestra vida hasta el presente.

Continuando con mi historia de nuestra relación, Don Pedro ha sido un hombre mujeriego empedernido y eso trajo serias consecuencias a mi vida porque como era de esperar al estar casada con un hombre así se corre el riesgo de adquirir una enfermedad venérea.

Bueno, pues yo no fui la excepción y fue exactamente lo que me sucedió; contraje una enfermedad y me enteré de que la padecía cuando acudí a una cita médica; los doctores se veían preocupados y yo sentí un gran dolor emocional al recibir el diagnóstico.

Don Pedro tampoco estaba bien, ya no era solo su salud física lo que se encontraba afectada sino más bien una enfermedad que la medicina convencional no podía o sabía cómo curar.

Por otra parte, su hijo Juan Carlos, había mejorado porque anteriormente se mantenía delicado de salud.

Aunque han pasado varios años después de estos eventos, quise mencionarlos, como un punto de referencia para entrar en otro capítulo en el que les daré otras explicaciones que se entrelazan con todo lo que he narrado hasta aquí.

No había cura posible

19

No había cura posible

A don Pedro le preocupaba la salud de su hijo, esa era una de las razones principales de sus frecuentes viajes a México, donde los médicos lo examinaban y trataban de encontrar una solución para su padecimiento.

Lamentablemente no se obtenían resultados favorables que ayudaran a Juan Carlos en su condición. En una de esas visitas a Tijuana los doctores le aconsejaron que era importante que también él se sometiera a unos exámenes para evaluarlo.

"…El doctor estaba muy preocupado y quería dejarlo internado, pero él se negó pues dijo no tener el

dinero suficiente para sufragar los gastos del hospital…"

Convenció al médico que por favor le prescribiera algo efectivo para poder regresar a California. El doctor accedió a su petición y le prescribió una medicina para que se fuera a Long Beach.

En el camino alguien lo llamó por teléfono para recomendarle algo muy bueno para su salud. Don Pedro como figura pública que es, está acostumbrado a ser contactado por mucha gente para ofrecerle diferentes tipos de negocios.

En esa ocasión pensó que se trataba de uno de estos vendedores y le contestó que no tenía tiempo para atenderla.

Como fue tanta la insistencia de que le diera la oportunidad de hablarle sobre lo que supuestamente lo ayudaría a mejorar su salud, don Pedro accedió a verla, al llegar a Long Beach.

Hicieron la cita, la persona se presentó y le explicó a don Pedro acerca de los factores de transferencia, los cuales se distribuyen en forma de suplemento alimenticio.

El decidió probarlos y preguntó, cual sería bueno para la salud de su hijo. Yo por mi parte estaba muy alarmada por la enfermedad venérea que me habían diagnosticado. A raíz de mi condición, los doctores estaban considerando la opción de practicarme una cirugía porque los especialistas me habían dicho que, si no me la hacía, podría tener consecuencias muy serias en un futuro.

Devastada con las noticias, pero con mucha fe de que todo podía cambiar, don Pedro me animó a que empezáramos los tres a tomar los factores de transferencia en grandes cantidades. Los productos resultaron ser muy efectivos y nos ayudaron enormemente.

Aquellos suplementos eran tan maravillosos y no tenían ningún tipo de efecto secundario. Cuando comenzamos a tomarlos nos dijeron que estaban garantizados por más de tres mil estudios científicos aceptados por el PDR.

El PDR es el libro que los doctores consultan para recetar medicamentos alópatas en Estados Unidos. La medicina alopática está relacionada con medicamentos químicos, radiaciones y medicina quirúrgica etc.

Usar los factores de transferencia, no nos impidió continuar trabajando como de costumbre.

Por otro lado, Hermelinda insistía que por el bien de don Pedro ella nos recomendaba que habláramos con una persona que supiera sobre el campo paranormal, que la medicina tradicional no entendía ni podía tratar.

Me dijo claramente que alguien que le tenía mucho rencor a don Pedro le había hecho un trabajo cargado de una energía muy negativa y que lo tenía "placeado."

Yo no entendí muy bien el término ni a que se refería; le pregunté que me aclarara que

era "placeado" y ella me explicó que le tenían
un plazo para que muriera.

En aquel instante, me remonté a mi infancia y
recordé algo que le había sucedido a uno de mis
familiares cuando una persona le dijo que le tenían
programada su muerte.

Cuando le dijeron eso, esta persona se aferró
a la vida y recuerdo que la acompañé a visitar a
una señora muy humilde para que rompiera aquel
hechizo y esta mujer logró salvarle la vida. Yo
tendría aproximadamente seis años cuando esto
ocurrió.

La curandera vivía como a cuarenta y cinco
minutos de nuestro pueblo, en un lugar llamado
Cosío. No sé si todavía se llame así pues de esto
hace tantos años que ya probablemente se
convirtió en una ciudad.

Cuando llegamos a la casa de esta señora,
vimos que había varias personas esperando en la
puerta. La mujer recibía a sus clientes en un cuarto
que solo tenía una cortina para entrar.

Cuando todas las personas se fueron, ella
finalmente llamó a mi familiar. Yo me quedé
sentada afuera esperando que saliera.

Desde donde yo estaba, se escuchaba todo y
pude oír el saludo un poco alarmante que le hizo:
*"Ave María Purísima mujer como vienes ¿Qué te hicieron?
¡Te quieren ver muerta!"*

Mi pariente no le contestó, y la señora
continuó diciendo: *"No sé si podré con esto. Lo que te*

hicieron fue algo muy serio y son más de una, las que te quieren destruir."

Aquella mujer parecía muy asustada al mismo tiempo que decía que el trabajo que habían hecho era muy fuerte.

Por lo tanto, la miró y le dijo: "*Si te voy a ayudar porque tú eres una mujer joven; no sé si la voy a librar, pero voy a intentarlo."*

Al escuchar todo lo que le había dicho aquella señora, mi familiar se llenó de angustia y le dijo: "*¡Si, por favor ayúdeme"*

Nuestro pariente luego nos platicó que los doctores habían hecho varias juntas para tratar de entender su condición, pero no lograban dar con un diagnóstico. Aquella señora finalmente le salvó la vida, pero perdió la suya poco tiempo después de haberla liberado del mal que le habían hecho.

El recordar ese evento de mi pasado, hizo que creyera fielmente las palabras de Hermelinda, sobre la predicción de don Pedro pues yo lo había experimentado en mi propia familia, y eso me confirmaba que existen fuerzas malignas cargadas de energía negativa.

Es muy lamentable, pero una gran verdad que algunos entes espirituales, tengan la capacidad de manipular a la humanidad y causar daño sin usar armas letales.

Mi familia y los Rivera

20

Mi familia y los Rivera

Después de hablar con Hermelinda le dije que había tomado la decisión que por algún tiempo no le mencionaría a don Pedro como iba progresando la situación referente a su sanidad espiritual.

En ese instante me envolvía el mismo sentimiento que había experimentado cuando me acerqué a él para comunicarle la razón por la cual yo quería contactar a Jenni; simplemente no encontraba las palabras para explicarle lo que estaba sucediendo.

"…Muy dentro de mí, sabía que nuestras vidas estaban en las manos de Dios y yo no iba a abandonar a *"mi viejito"* como le decía por cariño al igual

que él a mí, quien, en aquel entonces me llamaba *"su viejita…"*

Ambos estábamos muy felices por la bendición de poder contar con los factores de transferencia y los maravillosos resultados que estábamos logrando.

Como éramos fieles testigos de lo que aquellos suplementos estaban haciendo en nosotros tres, empezamos a hacer reuniones para hablarles a otras personas de cómo adquirirlos.

Queríamos gritar a los cuatro vientos que esos suplementos daban muy buenos resultados y lo más importante es que servían para cualquier tipo de situación que tuvieran que ver con la salud.

Habíamos descubierto que los factores de transferencia eran buenos para mejorar condiciones que ni siquiera imaginábamos.

Desde que conocí a don Pedro, él padecía de algo que por muchos años le había afectado dejándole serias secuelas en su cuerpo.

Los factores de transferencia le sirvieron para mejorar los síntomas. Estábamos tan satisfechos con estos suplementos que en cierta ocasión invitamos a una de esas reuniones a Ramona, su nuera y a Pedro Jr., su hijo mayor.

También tuvimos la oportunidad de invitar a Jenni, pero como ella no pudo asistir, envió a Chiquis. Cuando terminamos, Chiquis adquirió el paquete completo, llevándose todos los suplementos. Don Pedro estaba muy feliz de saber que su nieta le había llevado a Jenni los factores de transferencia.

Yo por mi parte, seguía sin saber cómo tocarle el tema sobre lo que me había dicho Hermelinda.

Cuando me quedaba a solas, le pedía a Dios sabiduría para manejar la situación de la mejor manera posible; me hincaba al lado de mi cama y rezaba para alcanzar la misericordia divina del Creador para que todo estuviera bien.

Hermelinda se dio a la tarea de trabajar en el caso de don Pedro con la persona especialista en el campo de sanidad espiritual, pero yo no me atrevía a preguntarle como estaba progresando.

Lo más importante para mí era honrar los mandamientos de la ley de Dios e interceder por medio de mi fe para que don Pedro sanara.

Hermelinda y su asistente pudieran resolver el asunto de eliminar la mala energía del cuerpo de don Pedro, que alguien malintencionadamente le había enviado.

Yo acataba las indicaciones que me daba Hermelinda e incluso a ella le había tocado ir a *"desalojar"* la casa donde vivía don Pedro y también las oficinas de Cintas Acuario.

Mientras que Hermelinda y su asistente ayudaban a don Pedro a sanar su vida, su negocio y su casa, yo continuaba colaborando con él en sus rutinas de trabajo.

Entre las actividades que realizábamos, salíamos a diferentes lugares a promocionar el tequila que tenía su imagen impresa en la botella.

Junto con Mayra Todd que laboraba hombro a hombro con nosotros; íbamos a los eventos donde cantaban varios artistas de renombre incluyéndolo a él.

Mayra no solo representaba a don Pedro con la venta del tequila, sino que también lo hacía como cantante.

Ella como toda una mujer emprendedora y con el entusiasmo que tenía, promocionaba a don Pedro en la radio y también en la televisión. Por otra parte, en las oficinas el trabajo aumentaba día a día y pronto se necesitaría contratar más personal. Don Pedro me pidió que le ayudara y yo me fui a trabajar a Cintas Acuario a tiempo completo.

La secretaria se había ido y no sabíamos si regresaría; para entonces mi hija Nani trabajaba en la empresa de lunes a viernes mientras que él y yo, salíamos a otras ciudades a promocionar su material los fines de semana.

Así transcurrió el tiempo y cierto día perdí el temor y por fin le dije que se estaba haciendo un trabajo de sanidad espiritual para liberar ciertas energías muy negativas que alguien malintencionado le había enviado.

Recuerdo que se preocupó mucho cuando Hermelinda habló con él y no se opuso. La segunda vez que regresamos a hablar con ella, ésta le dijo claramente: *"Don Pedro vamos a hacer un trabajo muy fuerte donde se contrarrestará lo que le han hecho a usted."*

Él se quedó un poco sorprendido como sin entender lo que Hermelinda acababa de explicar, entonces ella continuó: *"Lo que quiero decir es que en el campo espiritual nada se pierde todo se transforma."*

Fuimos a otra sesión de sanidad espiritual para discutir sobre el progreso que se había realizado, Hermelinda le dijo: *"Don Pedro usted va a estar bien, pero habrá sorpresas en su vida."*

Don Pedro la escuchó y no preguntó nada; en su rostro se reflejó un gesto de satisfacción porque tenía la certeza de qué todo estaría bien con él.

Yo continuaba trabajando en Cintas Acuario a tiempo completo y poco a poco me di cuenta de que las visitas de los Rivera eran más frecuentes.

Algunas veces llegaba Gustavo, otras Juan o Jenni e inclusive la ex-esposa de don Pedro, en ciertas ocasiones se presentó en la empresa a hacer una diligencia.

Todos creían que yo era una trabajadora más en el negocio de don Pedro porque en aquel tiempo ninguno me relacionaba como su pareja.

Los fines de semana, continuábamos con las presentaciones en la Placita Olvera donde se reunía mucha gente a verlo cantar.

Mi trabajo como de costumbre era vender sus discos para apoyarlo. Algunas veces tuve que hacer uso de mi creatividad para que las ventas aumentaran.

Las personas se acercaban a comprar discos y les ofrecíamos un paquete promocional que incluía posters o alguna otra cosa y de esta manera adquirían más material.

Uno de los mal entendidos, era que la gente creía que yo era la mamá de Juan Carlos porque por ese tiempo la mayoría de las veces lo llevábamos a las presentaciones con nosotros.

En las ocasiones que me veían con el niño le decían que me preguntara cuánto costaban los discos, él lo hacía, pero no desmentía la creencia que yo era su madre.

Juan Carlos era un niño muy obediente y noble a pesar de que solo tenía siete años. Mi relación con él era muy bonita, y desde muy pequeño le encantaba que le guisara frijoles y le cocinara su comida favorita que consistía en huevos tiernos casi crudos como su papá se los hacía.

Desde que me convertí en la pareja de don Pedro, me gustaba atender al niño pues se ganó mi afecto y yo lo llegué a querer como si fuera un miembro muy cercano de mi familia.

Había aprendido de mis padres a dar amor y por eso le prodigaba los cuidados que él necesitaba en los días que estaba con nosotros.

En el siglo veintiuno, la tecnología explotó en la industria musical y Cintas Acuario empezó a decaer y la venta de discos ya no era igual. La mayoría de nuestros distribuidores, nos devolvían los discos.

Los Rivera, se mantenían alejados de nosotros pues en ese tiempo cada uno de ellos estaban ocupados en sus actividades personales.

Si yo me enteraba de algo era porque lo escuchaba por casualidad, pero su familia no fue un tema relevante de conversación entre don Pedro y yo.

Sin embargo, las pláticas que él tenía con cualquier persona fuera de su familia o sobre sus negocios no eran en privado y la mayoría de las veces hablaba delante de mí.

Cierto día cuando estábamos a punto de irnos a un evento, don Pedro recibió la llamada de su hija menor, Rosie.

Ella lo saludó muy afectuosa *"¡Hi daddy!"* y él le respondió de igual forma *"¿Cómo estás mi baby?"*

El motivo de la llamada tenía que ver con su boda, que sería pronto. Quería pedirle a don Pedro que, para ese día, usara el traje café que Jenni le había regalado.

Alcancé a escuchar cuando Rosie dijo: *"Es que mami va a llevar un vestido de ese color."* Don Pedro le contestó muy amoroso *"Como no mija, si me lo llevo."*

Días después, don Pedro me pidió que si le podía preparar el traje café para asistir a la boda de su hija Rosie.

Sospechas y rumores...

21

Sospechas y rumores...

El tiempo transcurría y conforme pasaban los días yo poco a poco iba conociendo más a la familia de don Pedro.

Cierto día la esposa de su hijo mayor, quiso compartir un testimonio sobre los suplementos de los factores de transferencia que estaba usando.

Ella se encontraba muy entusiasmada con los resultados obtenidos y se organizó una reunión en un local que era propiedad suya y de su familia. La dirección de dicho negocia era frente a las oficinas de Cintas Acuario.

Ese día acudió un buen número de personas; entre los asistentes se encontraban

Rosie y su esposo, quién por ese tiempo era su novio.

Yo estaba muy contenta de que a Ramona le hubiera funcionado los suplementos; cabe mencionar que ella es un gran ser humano y casualmente ese día fue cuando me di cuenta la maravillosa persona que es.

Sabía que estos suplementos funcionaban muy bien pues los había probado en mi salud; estaba muy satisfecha porque habían elevado mi sistema inmunológico asombrosamente y eso me tenía muy feliz.

Como dije anteriormente, cuando la familia de don Pedro me conoció, no tenían la menor idea que yo estaba en una relación formal con él y todos se portaban muy cordiales conmigo.

El día de la presentación con Ramona, fue muy exitoso, y ahí mismo se anunció que aquella semana la compañía distribuidora de los suplementos impartiría un seminario en Long Beach.

Don Pedro invitó a su familia a dicho seminario y en esa ocasión Rosie asistió nuevamente. Mi hija Nani también fue y ella le hizo un cumplido por su cabello.

Todos la habíamos pasado muy bien juntos; algo que no era muy común pues la mayoría de los días estábamos ocupados y no había tiempo para ese tipo de convivencias.

Fue durante esos días, cuando sorpresivamente y sin anunciarlo, la secretaria de Cintas Acuario regresó.

Mi hija ya estaba ocupando su puesto cuando ella le dijo que desocupara su silla porque había vuelto. Nani sin responder palabra se levantó y se fue a sentar a otro escritorio.

La secretaria y el gerente de Cintas Acuario no sabían nada de la relación que yo tenía con don Pedro y hablaban de cosas privadas sobre la familia Rivera y también sobre Cintas Acuario sin darle ninguna importancia a que yo los escuchara.

"…Sin embargo como nada hay oculto en esta vida, inesperadamente, como diría el mismo don Pedro, "otro drama" tomó lugar cierto día el cual nos sorprendió…"

La secretaria era muy amiga de los Rivera y también de los familiares de Ramona, quienes era los dueños de la tiendita que estaba localizada frente a nuestras oficinas.

En una de las ocasiones que la secretaria fue a comprar algo a ese local, incidentalmente, se encontró con la hermana de don Pedro.

Cuando regresó a la oficina, se dirigió directamente donde estaba Nani y le dijo: *"La hermana de don Pedro dice que tu mamá y él tienen una relación ¿En serio son novios?"*

Mi hija es muy prudente y como no tiene la costumbre de intervenir en mis asuntos, le respondió que eso era algo que debería preguntarme a mi o a don Pedro.

Ahí terminó la conversación entre ellas, pero a partir de ese instante mi hija prácticamente se convirtió en la "secretaria de la secretaria" porque tenía que pasarle todos los mensajes que sus parientes y amigos le dejaban en la oficina.

Como la noticia de nuestro noviazgo no estaba confirmada, estuvimos tranquilos por algún tiempo sin que su familia ni otras personas cuestionaran nuestra relación.

Ambos trabajábamos incansablemente pero siempre con la preocupación del diagnóstico que yo había recibido sobre una posible cirugía.

Eso era algo que previamente mi doctor y yo habíamos discutido que tarde o temprano posiblemente me tendría que operar.

Yo había empezado a tomar los suplementos hacía tres meses, pero igual regresé a la clínica para hacerme los chequeos pertinentes y también para que me programaran la cirugía.

Algo sorprendente sucedió cuando volví al médico; para mi sorpresa, la enfermera revisó los resultados y después de leer cuidadosamente el expediente, me preguntó cuál era la razón por la que yo estaba ahí.

Yo le dije el motivo y ella dudosa, preguntó nuevamente cual era el diagnóstico original que yo tenía. Un poco confundida, le sugerí que revisara mi historial en su computadora que se encontraba frente a sus ojos.

La enfermera no contestó nada, sino que salió en silencio del consultorio y regresó unos veinte minutos más tarde; dijo que ella creía que se trataba de un error porque el diagnóstico no coincidía con los análisis que me habían hecho.

Yo no podía creer lo que estaba escuchando, me puse tan feliz que hasta deseaba gritar y bailar de la alegría.

Sin embargo, dijo que, para estar segura, ordenaría nuevamente los exámenes y que volviera a hacer una nueva cita dos semanas más tarde.

Seguí su consejo como ella me lo había indicado y nuevamente regresé por los resultados de los análisis los cuales volvieron a salir negativos.

Como en la vida todo es dual, hay una de cal y otra de arena, mientras mi salud estaba óptima, la empresa de Cintas Acuario estaba en uno de sus peores momentos.

Nos regresaban muchos discos y cada día eran más las cajas de compactos que se acumulaban en la oficina. Llegó el momento en que don Pedro le pidió a su hermana que le ayudara a organizar las cajas que llegaban y entre ella y yo hicimos el trabajo.

Para este tiempo ya se notaba el cambio en el ambiente tanto familiar como entre los empleados de Cintas Acuario pues todos había empezado a sospechar que don Pedro y yo éramos pareja.

Nosotros ignorábamos los posibles rumores que corrían en la oficina sobre nuestro noviazgo. Jenni estaba en la cúspide de su carrera y muy raramente frecuentaba las oficinas.

Don Pedro invitaba a Gustavo algunas veces a los lugares donde él se presentaba a cantar. Como muchos de ustedes sabrán don Pedro es comerciante por naturaleza y todo lo que produce dinero lo apasiona, así que por aquellas fechas le ofrecieron un nuevo negocio que consistía en promocionar una marca de café.

Le hizo la propuesta a Lupillo a quien le pareció muy buena la idea y ambos iniciaron una serie de reuniones para establecerse.

Una de las actividades para promover la venta del café la hicieron en un centro de eventos muy conocido en Temécula, California.

Entre las sombras
de su familia

22

Entre las sombras de su familia

Para esa época, yo ya sabía que don Pedro me escondía de su familia; lo empecé a notar desde el principio de nuestra relación y aquello me causaba una gran decepción.

Observaba que evitaba a toda costa que lo vieran en público conmigo y menos que sus hijos se enteraran. A la reunión que se llevó a cabo en Temécula asistieron muchas personas.

Don Pedro me invitó a ese evento y yo estaba muy contenta de poder acompañarlo, pero al llegar al lugar cual fue mi sorpresa que cuando me disponía a bajar del coche me dijo: *"Quédate aquí"*.

Yo me molesté y le pregunté la razón por la cual quería que permaneciera en el auto, si él era quien me había invitado a asistir.

"…El simplemente respondió que estaba preocupado porque no sabía cómo reaccionaría Lupillo cuando me viera. No tengo palabras para narrarles lo que sentí al escucharlo…"

Viene a mi memoria el día que fuimos al concierto de Lupe por primera vez; caminábamos por el estacionamiento y de pronto don Pedro se agachó detrás de un auto al ver a Rosie y a Abel, quien por ese tiempo era su prometido.

Su actitud se asemejó a cómo lo hubiera hecho un adolescente cuando no quiere, que su mamá lo vea con su novia.

Esta era la segunda vez que evitaba que uno de sus hijos lo vieran conmigo. Después de discutir por un rato, a regañadientes fuimos juntos a la presentación del café.

Me sentía mal y un poco rara al caminar a su lado pues me daba la impresión de que éramos el centro de la reunión al igual que cuando asistíamos a otras ocasiones.

Los periodistas nos perseguían cuando nos veían juntos y generalmente yo era la que me tenía que esconder. Desde ese tiempo empecé a reflexionar en cual era la posición que yo tenía en la vida pública de Pedro Rivera.

Ese día recordé ocasiones anteriores en las que habíamos ido a casa de Lupillo y al llegar, me dejaba en el carro y entraba solo.

Lo peor era que cuando esto sucedía yo no lo volvía a ver hasta que terminaba la reunión con su hijo.

Cuando íbamos a casa de Lupe, él aprovechaba ir a los casinos que quedaban cerca y aunque yo no soy de andar en esos lugares, igual lo acompañaba.

Pero el día de la presentación del café si me molestó que le hubiera pasado por la mente dejarme en el carro.

Finalmente accedió y entramos a la sala donde se llevaría a cabo el evento; don Pedro asumió la misma actitud de esconder el hecho que veníamos juntos para que Lupillo y Mayeli no lo vieran conmigo.

Cuando llegamos, ellos ya estaban ahí porque eran los anfitriones. Al principio me trataron con bastante indiferencia, pero, aun así, me sentí agradecida de ser recibida.

Recuerdo ver a Mayeli atendiendo a sus invitados como toda una empresaria y cuando terminó la actividad efectuaron una rifa de unos regalos de la empresa de ella. Yo tuve la suerte de ser la ganadora de un premio y Lupillo fue el encargado de entregármelo.

Tímidamente me acerqué y cuando me vio frente a él, abrió mucho sus ojos; tomó la bolsita con el obsequio, pero no pudo disimular su desconcierto; tal parecía que no la quería soltar para dármela.

Me recordó a la India María cuando jalaba sus cosas y caía al suelo por el jalón. Pensé que, si yo tiraba del premio de las manos de Lupe, me pasaría lo mismo a mí.

Sin embargo, después de ese día todo cambió para bien, porque don Pedro perdió el temor ante Lupe de que lo vieran conmigo y cada vez que íbamos a su casa ellos me invitaban a pasar, lo cual me hacía sentir muy feliz.

Así fue corriendo el tiempo y el negocio de don Pedro de Cintas Acuario empeoraba cada vez más. Yo tenía un presentimiento, una especie de ansiedad y a la vez me sentía deprimida. Meditaba mucho porque quería identificar la razón de aquella emoción extraña que estaba experimentando.

Las cosas se pusieron más difíciles cuando algunos familiares de don Pedro se enteraron oficialmente de nuestra relación.

A partir de ahí, mi hija Nani y yo, ya no éramos bienvenidas en Cintas Acuario y el ambiente se sentía cada vez más hostil.

Además de la mala atmósfera que nos rodeaba en las oficinas, estaba el hecho de que ya a don Pedro le habían quitado todas las concesiones y el negocio estaba cayendo a pasos agigantados.

Algunos de los hijos de don Pedro a mi parecer, lo hacían sentir mal por la separación con su madre pues todavía estaban muy sensibles.

Poco a poco en calidad de su pareja los fui conociendo a todos y no solo eso, me enteré de situaciones internas familiares, de sus comportamientos y expresiones que usaban entre ellos y de otras cosas más, que no voy a mencionar en este libro.

Yo había sido criada en un ambiente muy diferente y por tanto estaba acostumbrada a vivir en un lugar lleno de paz y armonía con mis padres y hermanos.

Todavía tenía la idea en mente de contactar a Jenni, pero al punto que la situación había llegado me daba temor hacerlo.

Don Pedro por otro lado trataba de pensar en una solución para resolver los problemas financieros en la oficina, pero necesitaba organizarse y hacer un plan de negocios para que la empresa mejorara.

Una de las decisiones que se tomaron fue reducir las horas de trabajo a los empleados y a partir de aquel momento laborábamos solo tres días a la semana.

Durante el tiempo que estuvimos con el horario restringido, en diferentes ocasiones llegaron Lupe y Jenni a las oficinas, pero yo únicamente los veía desde el lado opuesto del pasillo.

Cierto día Jenni le dio a don Pedro unos boletos para su presentación y él me dio unos cuantos a mí.

Como Nani no pudo ir y llevar a Pao, mi hija menor no me parecía apropiado, invité a Mayra y nos fuimos con don Pedro quien como de costumbre se sentó a cierta distancia de donde nos encontrábamos nosotras.

Placita Olvera

23

La Placita Olvera

Como la situación de Cintas Acuario seguía empeorando, para tratar de solucionar el aspecto financiero alquilamos un local en La Placita Olvera.

Nos rentaron uno que era en una buena área porque estaba situado frente a la iglesia y al lado de la plaza principal donde hacen los eventos.

Pensamos que era el punto perfecto para nuestro material sin contar con las reglas administrativas de la placita las cuales especificaban que solo podíamos vender artículos religiosos y flores.

Así fue como empezó otra aventura y una nueva etapa en la vida de don Pedro y en la mía.

El local era pequeño, la construcción era de madera y no tenía insolación ni ventanas, por tanto, teníamos que soportar las inclemencias de los climas extremos.

Algo nuevo que aprendimos durante ese tiempo fue a hacer ramos de flores; los discos y las camisetas los poníamos en un lugar discreto porque de vez en cuando nos revisaban el material que vendíamos.

..."Don Pedro y yo nos levantábamos diariamente a las 2:30 de la madrugada para ir a comprar las flores frescas y poder llegar a tiempo a abrir el negocio"...

Las adquiríamos al mayoreo en un lugar que estaba en el Centro de Los Ángeles más o menos a unos veinte minutos de la placita.

Desde que abrimos el local don Pedro cantaba con más frecuencia y en los alrededores de nuestro puesto, siempre había otros artistas que bailaban, cantaban y realizaban otro tipo de presentaciones.

Como era de esperar, los medios de televisión llegaban con frecuencia para entrevistar a don Pedro y a otros artistas como él.

Nosotros estábamos en el negocio una hora y media antes de que la gente empezara a transitar por la placita y además teníamos eventos fuera de ese horario en otras ciudades.

Asistíamos a diferentes lugares mientras mi hija Nani se quedaba atendiendo el local en la Placita Olvera.

Continuábamos cumpliendo con los compromisos de las presentaciones de don Pedro para ganarnos el pan de cada día.

Cierto día cuando estábamos en el local de la Placita Olvera un hombre se paró frente a donde nos encontrábamos, mi hija Nani, don Pedro y yo.

Aquella persona solo nos veía sin decir nada, y como no se movía don Pedro de una manera amable y cortés pero serio, le preguntó si se le ofrecía algo.

El caballero amablemente le dijo, "Si don Pedro, usted me invitó a venir."

Don Pedro asombrado respondió:" *¿Yo?*"

Él le confirmó diciéndole: "*Yo soy el genio Lucas, ya hemos hablado por teléfo*no."

Don Pedro lanzó una estruendosa carcajada como las que lo caracterizan y el ambiente se suavizó completamente.

"*Claro hombre! ya recuerdo es que no te conocía porque no habíamos hablado personalmente*".

El "Genio Lucas" es un locutor muy conocido que ha invitado a varios cantantes a su programa radial y es seguido por internet por muchas personas.

Ese fue un día que, aunque pase el tiempo, quedó grabado en mi memoria porque a través de la entrevista que le hizo a don Pedro lo promovió grandemente en el ambiente artístico.

Yo no era ninguna "niña bonita" que únicamente era buena para acompañarlo o para figurar en la prensa como la gente creía.

Lamentablemente las personas hablan sin saber y juzgan a la ligera y a mí me habían etiquetado bajo un estereotipo equivocado.

Pero don Pedro y yo sabíamos que no era así pues yo trabajaba hombro a hombro con él porque no solamente era la vendedora, también era su secretaria y asistente en cada una de sus presentaciones.

Hago esta aclaración por las personas que hacen comentarios negativos acerca de mi vida junto a don Pedro.

Yo lo único que sé es que desde el momento que lo conocí, siempre trabajé donde quiera que se presentaba y mi apoyo ha sido incondicional en lo que él ha necesitado.

San José, California

24

Eventos en San José, California

Por ese tiempo también íbamos con mucha frecuencia a San José, California donde don Pedro era contratado para cantar en diferentes centros.

Fueron días inolvidables para mí porque viajábamos por carretera y conocíamos nuevos lugares.

Cierto día, por curiosidad, se me ocurrió preguntarle a don Pedro quien lo representaba en San José. Él me dijo que su agente se llamaba Jesús Teopa, y yo imaginé que era una persona mayor de edad.

Cuando llegamos hacía mucho frío y fuimos directamente a la casa de Jesús. Me asomé por la ventana y vi un niño precioso que estaba listo para recibirnos.

El joven parecía como de quince años; nos dio la bienvenida muy amablemente y a pesar de su edad me impresionó su cortesía cuando nos saludó.

El joven parecía como de quince años; nos dio la bienvenida muy amablemente y a pesar de su edad me impresionó su cortesía cuando nos saludó.

Don Pedro me dijo que me bajara del carro para presentármelo. Después de tratarlo un rato, observé que era un chico maduro y sobre todo muy educado.

Se desvivía brindándonos todo tipo de atenciones y se veía obviamente contento de que estuviéramos ahí. Le prestó a don Pedro su GPS personal para ayudarnos a llegar al hotel donde nos íbamos a hospedar.

Así que una vez que nos saludamos nos fuimos a descansar. Yo no salía de mi asombro de ver que aquel muchachito tan joven, siendo casi un niño era quien había contratado a don Pedro.

El primer evento al que fuimos en San José, California, fue al de una revista muy conocida en el lugar. A esa presentación asistieron muchas chicas que se tomaron fotos con él y por la noche después de la actividad, nos dormimos temprano para regresarnos a Long Beach al día siguiente.

Cuando don Pedro se presentaba en estos lugares de San José, aprovechábamos para vender su tequila y también sus discos.

Él era contratado para dichos eventos por medio de dos revistas; una de ellas promovía quinceañeras y la otra se llamaba "La Bamba" donde también realizaban eventos de otros cantantes y algunas bandas.

Además de estos compromisos don Pedro estaba muy ocupado tratando de arreglar los asuntos financieros de su empresa.

Con las presentaciones de don Pedro en San José y las ventas en la Placita Olvera, la situación de Cintas Acuario mejoró.

Tanto la secretaria como el gerente ya se sentían más confiados en sus puestos. Uno de esos días regresé nuevamente a la casa donde don Pedro había criado a sus hijos.

Él todavía vivía ahí y cuando entré sentí un extraño presentimiento que me perturbó, pero no supe exactamente lo que era.

Aunque traté de disimular no aguanté más la sensación de angustia en mi corazón y estallé en llanto. Don Pedro solo me miró desconcertado sin saber lo que me ocurría y me pidió que me calmara.

En ese tiempo él vivía en esa casa solo, pero en esos días tuvo que cambiarse a otra casa que era de su propiedad. Yo lo ayudé a pasar todas sus cosas y fue una completa odisea.

Nosotros tratando que no nos afectaran mucho, los asuntos personales de don Pedro, seguíamos yendo a San José a las presentaciones.

Fue en esta época que el representante de "El Rayito de Oro" como llamaban a Jesús Mendoza, nos invitaba a sus eventos.

Por esos días, don Pedro realizó un viaje importante a Miami, pero esa vez no pude acompañarlo porque me quedé trabajando en Cintas Acuario.

Don Pedro y yo trabajábamos arduamente en las oficinas durante el día y algunas noches apoyábamos eventos de cantantes, entre éstos las presentaciones de "El Rayito de Oro".

En la empresa, todavía no se había iniciado el proyecto de trabajar en plataformas digitales. Don Pedro solo se dedicaba a compartir escenario algunas veces con otros artistas y también aprovechaba esos eventos para vender sus discos.

Para completar el estrés, en la prensa había explotado la noticia de la situación entre Jenni y su esposo; los medios trataban de entrevistar a don Pedro sobre el tema, aunque él los evadía con prudencia.

Una de las noches cuando regresábamos de uno de los eventos de San José, sucedió algo que podría estar relacionado con el presentimiento que yo había experimentado días atrás.

La víspera del día en que don Pedro tenía que salir para México; no nos quisimos quedar a dormir en San José, sino que nos fuimos después de la presentación.

Era de madrugada y como estábamos tan cansados, nos quedamos dormidos en la carretera. Cuando abrí los ojos, el carro iba rozando un barranco y me llené de pánico; inmediatamente desperté a don Pedro quien por milagro pudo controlar el auto.

Ambos nos asustamos mucho pero finalmente pasamos la montaña y llegamos de mañanita a Long Beach. Nos fuimos directamente al Banco de América que estaba cerca de Cintas Acuario.

Cuando entramos, sucedió algo inolvidable para mí, pues ahí se encontraba Jenni sentada junto a su hijo menor, Johnny.

Un encuentro inolvidable

25

Un encuentro inolvidable

Jenni se veía ocupada enviando textos desde su celular y yo sentí una extraña sensación, como si se hubiera detenido el tiempo.

Cuando ella vio a don Pedro inmediatamente se levantó y lo saludó: *"Hi Daddy!"*

El la miró sonriendo y le respondió: *"¿Cómo estás mi reina?"*

"...Recuerdo que Jenni me miró y yo vi en sus ojos un vacío difícil de explicar, era como si estuviera muy lejos de mí; hasta el día de hoy no encuentro palabras para definir aquella impresión que sentí en ese instante; enseguida me saludó muy amable..."

Don Pedro le preguntó qué hacía en el banco y ella le explicó; luego él se acercó a la ventanilla para hacer su transacción.

Jenni permaneció sentada esperando su turno y yo me quedé a su lado. La observaba que texteaba muy de prisa y sentí una sensación como de paz pues era la primera vez que estaba tan cerca de mí.

Me daba la impresión de que yo ya no tenía la urgente necesidad de exponerle mi pena como cuando la vi en el programa de Charityn. Ahora solo la observaba y de pronto ella se volteó hacia mi sonriendo.

Para romper el hielo le dije *"eres muy bonita"*, ella sonrió y agradeció mi cumplido. Sentí que la conocía de siempre pero cuando la miré nuevamente a sus ojos volví a ver el enorme vacío que se dibujaba en ellos.

Esa sensación me dio un escalofrío, pero ella no lo notó y se volvió a ocupar con su teléfono. Unos minutos después, la secretaria del banco la llamó y yo permanecí junto a su hijo Johnny.

El niño se veía muy relajado y empezó a hablar conmigo. Me enseñó su celular y me dijo: *"¿Sabes que tengo dos sobrinitas?"*

Yo le contesté que sabía que tenía una e inmediatamente le pregunté si ya había nacido otra y él mostrándome las fotos me dio la respuesta: *"¡Si, mira!"*

Luego me explicó que la nueva sobrina era hija de Michael, su hermano mayor.

Johnny continuó compartiéndome otras fotografías del resto de la familia y de Jenni. Hablaba con mucho amor de ellos pues cada vez que me enseñaba una foto me describía quien era.

En ese momento escuché la voz de don Pedro llamándome; me levanté de donde estaba sentada y acercándome a Jenni me pude despedir, aunque estaba ocupada con la secretaria del banco.

Cuando me vio junto a ella, Jenni se volteó, yo me incliné y fue ahí cuando sucedió algo que hasta la fecha no puedo describir. Recuerdo que me sentí en un "espacio atemporal" y ella extendió sus brazos para abrazarme.

Yo le correspondí de la misma manera; sentí que era sincera, pero que su abrazo era de bienvenida y a la vez de despedida.

Es difícil explicar lo que experimenté, pero fue muy impactante; era una sensación o un presentimiento como quieran ustedes llamarlo; fue algo muy extraño.

Nostalgías y decepciones

26

Nostalgias y decepciones

Cuando salimos del banco, don Pedro se puso sentimental y trajo a su memoria el tiempo en que Jenni había trabajado en esa institución.

Con un aire nostálgico me platicó, cuando ella siendo una adolescente fue expulsada de la secundaria porque se había peleado a puños con otro estudiante.

Recordó que lo llamaron de la escuela para que fuera por Jenni y me comentó que cuando salieron, ambos subieron al auto en silencio y en el camino Jenni iba muy seria.

Me dijo que para tratar de aliviar su estrés la miró diciéndole: "*mi reina vamos a comernos un helado al "31 Flavors."*

En sus memorias todavía estaba ese día cuando Jenni había cambiado su rostro y juntos disfrutaron tranquilos el helado, sin hablar del tema de la expulsión.

Como yo estaba con ese sentimiento de tristeza después de haberme despedido de Jenni en el banco, cuando don Pedro me relató esas anécdotas de su vida con ella, la conversación llenó mi mente la cual estaba en una dimensión lejana.

Al día siguiente don Pedro tenía un viaje a México así que me fui a la placita Olvera a trabajar. Don Pedro le había dado a su hijo las pistas de "Cielito Lindo" y la de "Amor de cuatro paredes" para que las ensayara y pudieran cantar juntos.

Dichas actividades estaban programadas una para el sábado y la otra para el domingo. Llegó el fin de semana e instalamos el equipo, como de costumbre puse las mesas, mi hija Nani atendió el puesto donde se vendían las flores y los artículos religiosos y Juan Carlos cantó junto a su padre en el evento.

En ese tiempo los cantantes estaban al extremo opuesto de la placita porque en el lado de enfrente se hacían otro tipo de presentaciones como danzas y otras actividades artísticas.

Cada vez que se anunciaban los conciertos de don Pedro los fanáticos llenaban el lugar y no solo ahí, también cuando él se presentaba en otras ciudades incluyendo otros estados.

Había mucha euforia con la presencia de don Pedro y todos quedábamos exhaustos pero felices por su éxito y el apoyo que tenía entre su público.

La empresa de Cintas Acuario se había dividido en dos ramas, las presentaciones de don Pedro en los eventos públicos y los servicios que se prestaban internamente en los estudios de grabación de su disquera.

El Día de los Muertos, en la Placita Olvera, hay una gran cantidad de público, para conmemorar a sus difuntos con ofrendas florales, veladoras y otros artículos con los que se honran a los ancestros.

Especialmente las personas latinas llenan la placita en ese día; para nuestro negocio esas eran fechas muy buenas porque don Pedro se presentaba en vivo en diferentes eventos cantando acompañado con sus pistas; también aprovechábamos para vender nuestros artículos y su música.

Cada vez que él se presentaba en algún otro lugar, nos íbamos con anticipación para ensayar con el mariachi o con los grupos que generalmente lo acompañaban.

Las presentaciones en San José eran en horas de día y de noche en algunos centros de la ciudad.

Por ese tiempo los medios de comunicación hablaban mucho de la familia Rivera debido a la situación que tenía Jenni con su esposo.

Esos rumores no afectaban en gran manera las entrevistas que le hacían a don Pedro porque él sabía manejar la prensa y sus respuestas eran al grano.

Los periodistas querían saber que noticias les daba sobre su familia que fuera motivo de escándalo, pero él discretamente, no les exteriorizaba sus sentimientos.

Algo ocurrió por esos días cuando en cierta ocasión Mayra Todd, quien era su representante en la radio y la televisión, llevó uno de los discos de don Pedro a una emisora.

Para su sorpresa le dijeron que no podían tocar la música de él porque alguien se los había prohibido.

Todavía recuerdo lo triste y decepcionado que quedó don Pedro cuando Mayra le dio aquella noticia, especialmente porque la persona que había dado esa orden era un familiar muy cercano a él, quien tenía mucha influencia y poder, sin embargo, esto Don Pedro no lo compartió con los medios.

"…Como lo vi tan triste, me preocupé y le pregunté si había hablado con quién le había hecho ese daño y él respondió que sí y que le había dicho que ya sabía que le andaba tapando el camino..."

Entonces yo le pregunté cual había sido la reacción de aquella persona al confrontarla y él me contestó: *"No pues, no más se fue, pisando altos y bajitos."*

El trágico día se acerca

27

El trágico día se acerca

El miércoles de la misma semana en la que Jenni se presentaría en Monterrey, invitó a don Pedro a un programa radial en la estación donde tenía sus charlas semanales.

Don Pedro muy emocionado quería que yo sintonizara la radio para que lo escuchara y me dijo: *"le pones al programa para que lo oigas"*.

Estaba muy entusiasmado y me lo recomendó e inclusive antes de irse, me dio el número para que localizara la estación.

Lo más extraño de todo es que el ambiente se percibía como si el tiempo se hubiera detenido y eso a mí me llamaba la atención en sobremanera.

Ese día, Jenni platicó sobre su vida desde que ella era una bebé y también habló sobre su encuentro con Lupillo cuando lo sorprendió presentándose en su concierto días atrás.

Lupillo la llamó a la radio para decirle lo agradecido que estaba de haberla tenido a ella en esa ocasión y le dijo cuán agradable había sido para él la sorpresa de verla llegar al escenario inesperadamente.

Don Pedro aprovechó la oportunidad en el programa para invitar al público a la Placita Olvera el próximo domingo. Jenni apoyó la invitación de su padre y animó a sus fanáticos que asistieran.

Cuando el programa estaba a punto de finalizar, Jenni le dijo a don Pedro que fuera con ella a Monterrey. Aunque sus hijos estuvieran distanciados de él, siempre le participaban de los conciertos y le regalaban boletos para sus presentaciones.

Don Pedro dice que lo que le salvó la vida fue su compromiso de presentarse en la Placita Olvera en aquel fatídico día.

Si él no hubiera tenido ese evento planeado en su agenda, probablemente habría ido con Jenni a Monterrey. El jueves de esa misma semana, Nani y yo íbamos rumbo a la Placita Olvera y el auto empezó a echar un humo que aparentemente salía del aire acondicionado.

Nos preocupamos mucho y mi hija entró en un estado de pánico; llamamos a un mecánico, el cual nos recomendó que nos saliéramos de la autopista para estacionar el auto a la orilla de la calle y dejarlo enfriar.

Nos aconsejó que una vez estuviera frío nos fuéramos por la calle lentamente. Finalmente, el humo dejó de salir; volvimos a entrar a la autopista, pero pusimos las luces de emergencia para regresarnos a Long Beach manejando con cautela y a baja velocidad.

En el regreso a casa, pasó algo muy extraño porque un carro que nos rebasó a una velocidad normal de repente dio un salto como si tuviera amortiguadores saltarines y se volteó en una cuesta de la autopista.

Todo ocurrió tan rápido y tan impresionante, que nos quedamos en un estado de confusión porque el accidente sucedió en un abrir y cerrar de ojos.

Cuando pasamos el tramo ya no supimos más del vehículo, pero fue algo muy impactante el haberlo presenciado.

Como no podíamos manejar el auto a la Placita Olvera, hasta que el mecánico lo revisara, nos fuimos en el metro.

Logramos cumplir con nuestro compromiso de trabajo y cuando regresamos a casa, el mecánico nos dijo que todo estaba bien con el vehículo; para nuestra sorpresa no encontró ningún desperfecto y dijo que no nos preocupáramos.

Unos días antes de que pasara el incidente con nuestro auto, Nani me había dicho: "*Mami, sabes, anoche tuve una visión de Chalino Sánchez y me impresionó profundamente*".

Cuando Nani me relató su visión, yo recordé inmediatamente que dos semanas atrás había tenido una con él, pero para no preocuparla yo no se lo dije.

Sin embargo, se lo platiqué a don Pedro y hoy lo tengo como testigo pues incluso, le conté los detalles de mi sueño o visión, como la ropa que Chalino tenía puesta y también sobre su estatura.

Lo que más me impresionaba era que el sueño que Nani tuvo y su descripción de Chalino Sánchez por coincidencia o por un evento del más allá, resultaba igual al mío.

Yo estaba al borde del colapso cuando Nani me relató su experiencia, sobre todo por la gran impresión que me causó que ella también lo vio tal y como yo lo miré.

Le comenté a don Pedro que más que un sueño había sido una experiencia extra-sensorial porque yo no estaba dormida.

Era como si las apariciones de Chalino fueran un mensaje de otra dimensión para anunciarnos algo que estaba a punto de ocurrir.

Los tres que sabíamos sobre las visiones de Chalino, pudimos habernos sentado y analizar más profundamente este evento, pero no lo hicimos por lo ocupados que estábamos con los negocios de don Pedro y eso no nos permitía detenernos a meditar en el asunto.

Lo cierto es que después del incidente con nuestro auto, trajimos al mecánico nuevamente para que lo revisara, pero igual, no encontró ningún desperfecto; nos dijo que a él le extrañaba mucho lo sucedido pero que el vehículo estaba en perfectas condiciones.

El viernes trabajamos arduamente en la presentación que se llevaría a cabo el fin de semana; el sábado don Pedro cantó con Juan Carlos y el domingo en la mañana el equipo encargado de abrir el puesto de la placita llegó antes que nosotros a preparar todo para la actividad.

Cuando íbamos en camino, la mamá de Juan Carlos llamó a don Pedro; éste la atendió en su celular. Sin más preámbulo la señora dijo: *"¿Ya sabes lo que está pasando?"*

Don Pedro le contestó de inmediato: *"No, no sé*

¿Qué está pasando?" **La madre de Juan Carlos** continuó con la información. *"Las noticias dicen que desapareció el avión donde viajaban Jenni y sus acompañantes"*

Don Pedro probablemente cegado por el impacto de aquellas palabras, entró momentáneamente en negación y le contestó: *"Yo creo que no saben por dónde anda, pero ya va a aparecer"*

Ella en un tono más serio le respondió: *"No es así, ya han pasado muchas horas desde que perdieron el contacto con ellos"*

Sus palabras esta vez alarmaron a don Pedro y él se regresó a dejar a Juan Carlos con su familia. Una vez lo llevó con su mamá, se dirigió a casa de los Rivera y ahí empezó lo que todos ya saben.

Nani y yo nos fuimos a la placita y explicamos la razón por la cual don Pedro no se presentaría ese día. Fue ahí cuando comenzó la aglomeración de todos los medios de comunicación quienes lo buscaban para entrevistarlo.

Poco tiempo después del accidente de Jenni, don Pedro se presentó nuevamente a cantar en la placita Olvera; la gente llegaba al puesto porque querían tener discos, posters y otros artículos relacionados con Jenni.

Los medios entrevistaban a don Pedro en nuestro puesto y el caos era grande porque las personas se amontonaban para comprar artículos y discos de su amada Jenni, aunque en varios negocios de la placita, otros comerciantes también vendían camisetas, tazas y otros objetos con la foto de ella.

Sucesos Paranormales

28

Sucesos paranormales

Días después del accidente de Jenni, los medios de comunicación comenzaron a atacar a don Pedro diciendo que se estaba aprovechando de la tragedia de su hija para vender posters y otros artículos de ella.

Unos días después cuando alguien le preguntó si solo a él lo atacaban puesto que había muchos puestos en la placita que vendían objetos con la foto de Jenni él me dijo:

"Ya no voy a vender posters de Jenni porque los medios me están señalando que estoy tomando ventaja de la situación"

Días después me compartió que había cambiado su decisión:

"Pensándolo bien esta es nuestra forma de vivir desde hace muchos años y no hay que cambiarla sólo porque alguien diga cosas que no entiende sobre mi trabajo."

A partir de ese momento continuamos con las rutinas que habíamos tenido por años, solo que ahora la gente se aglomeraba en nuestro puesto; unos de ellos apoyaban a don Pedro y otros hacían comentarios negativos.

Nosotros seguíamos trabajando igual y para el 12 de diciembre de ese año, como era la tradición en la Placita Olvera, se organizaron Las Mañanitas Guadalupanas.

Don Pedro se presentó ese día y había mucho público añorando a Jenni por lo tanto cantó algunas canciones de ella. Las visitas de la prensa eran cada vez más frecuentes porque todos querían hablar con él.

Llegamos al punto que la presión de los medios, no nos permitía trabajar como era nuestra costumbre y por eso tomamos la decisión que don Pedro no se presentaría por algún tiempo en la placita.

Como él es de armas tomar, empezó a llegar de sorpresa, con el propósito de evitar a los periodistas, pero aun así éstos se mantenían al pendiente e informados respecto a la localidad y los horarios en donde él se encontraba.

Para poder entrevistarlo corrían tras él y se amotinaban y no era mucho lo que podíamos hacer por parar el caos que se había formado.

También lo llamaban de otras ciudades inclusive de otros estados. La imposibilidad de poder trabajar tranquilos en la placita nos hizo pensar en el nuevo plan de regresarnos a Cintas Acuario.

Así llegó el día de los servicios fúnebres de Jenni el cual su familia llamó "La Graduación Celestial."

Don Pedro se fue con ellos a organizar los detalles de la ceremonia. Como les pidieron que fueran de traje blanco él preparó su ropa de ese color, la cual usaba cuando hacía sus presentaciones en el escenario.

Me dio los boletos de las personas que invitó incluyendo el mío y recuerdo muy bien que mucha gente quería despedir a Jenni; el constructor de la casa de don Pedro vivía muy lejos, pero eso no le impidió venir por sus boletos.

Por fin nos fuimos al evento el cual estaba muy bien organizado. Don Pedro quería usar ese día una camisa color azul, pero con el trajín de los acontecimientos la olvidó en casa.

Yo se la llevé, pero no me permitieron entregársela, entonces se la di a un edecán que estaba vigilando el lugar y me quedé confiada en que ese señor se la daría; cuando don Pedro salió al escenario no se la vi puesta. Supuse que él no se la había querido poner, lo que no imaginé es que no se la habían entregado.

El evento de Jenni estuvo muy emotivo, aunque yo estaba muy frustrada porque había encargado un panal de mariposas reales y nunca llegaron.

Prometieron que estarían listas para llevármelas ese día, pero me quedé esperándolas con la ilusión de cuanto se hubieran lucido.

Cuando se terminó el servicio, la familia quería evitar la prensa a toda costa, entonces, sacaron el féretro rojo brillante por un costado del lugar para despistar a los medios y la familia salió por otra puerta.

Los periodistas se fueron siguiendo la pista falsa mientras sus seres queridos más cercanos fueron a festejarla como ella quería, cantándole la canción "Cuando muere una dama."

Don Pedro generalmente visitaba a la familia Rivera los días festivos. Ese año no fue la excepción así que el 24 de diciembre me quedé sola en la casa. Recuerdo que dijo: *"Bueno, voy un rato con la familia y después vengo."*

Me quedé esperándolo y no volvió y como ya eran las doce de la noche y no llegaba, me puse a rezar frente al árbol de navidad donde había colocado el nacimiento.

Ya tenía como quince minutos orando cuando me dio mucho sueño; entonces me fui a acostar, pero primero me senté en la cama para terminar mis plegarias.

Perdí la noción del tiempo y creo que me quedé dormida sentada. Había dejado la puerta de la recámara abierta desde donde se podía ver el pasillo. Cuál fue mi sorpresa que de pronto vi a mi hermanito Pabis, muy sonriente viniendo hacia donde yo me encontraba.

Sentí una gran felicidad de verlo cara a cara como si estuviera vivo. Se me acercó y me abrazó muy cálidamente y me susurró en el oído que no estaba sola.

Aún recuerdo sus palabras exactas "No estás sola hermana yo estoy contigo y nunca te sientas mal porque yo te voy a acompañar siempre."

Sentí un gozo inmenso en mi alma y aquel encuentro con Pabis llenó el espacio de mi corazón que se encontraba tan vacío.

Cuando desperté abrí mis ojos y por unos segundos experimenté el calor de sus bracitos alrededor de mi cuello. Me sentía plena y muy feliz por los siguientes días; incluso vino a mi memoria que poco tiempo atrás cuando había mucho dolor, don Pedro quien no es muy expresivo, me había enviado una imagen que le mandaron el 14 de diciembre, la cual incluiré al final del libro.

El cuadro era muy emotivo y al principio no distinguí las personas que estaban en la foto, luego me di cuenta de que era un montaje de Jesús abrazando a Jenni.

Aquella estampita me recordó el mágico y maravilloso momento en el que mi querido Pabis me regaló su abrazo amoroso.

...” Un evento paranormal de algo que no quiero dejar fuera es lo que sucedió unos meses después de haber fallecido Jenni..."

Yo estaba con don Pedro en el comedor de la casa y en aquel preciso momento hablábamos de ella.

Había una botella de agua vacía a un lado de donde nos encontrábamos y de repente se arrugó y sonó como si dos botellas habían sido estrujadas por alguien.

Ambos nos miramos y no dijimos nada, pero ya no seguimos hablando más.

Por unos cuantos centavos

29

Por unos cuantos centavos

Viene a mi memoria el rostro de don Pedro y su satisfacción de haber regresado a Cintas Acuario.

Aunque todo había vuelto a la tranquilidad, el estar nuevamente en su negocio lo hacía sentir bien, pero para mi hija y yo el ambiente se tornaba cada vez más pesado y hostil.

El trato hacia nosotras no era el mismo pues ya habían transcurrido dos años desde que la familia Rivera sospechaba sobre nuestra relación. Aunque tratábamos de guardar la distancia en la oficina y no aclarábamos nada, las sospechas se habían convertido en una realidad verificada.

Pero no voy a entrar en mucho detalle sobre cómo se dieron las cosas porque de otra manera, no terminaría de escribir este libro.

En esa época todavía llevábamos a vender los discos a los eventos donde don Pedro se presentaba. Para él y su equipo de trabajo la distancia y la hora no importaban. Fuera tarde o noche las presentaciones se llevaban a cabo en el lugar donde don Pedro era invitado a cantar y eso no ha cambiado hasta hoy.

Los miembros de la familia Rivera estaban especialmente enfocados en los negocios de Jenni. Algunos hijos de don Pedro se habían dedicado a promocionar el legado de ella; estaban teniendo mucho éxito y se notaba a simple vista.

A él no lo tomaban en cuenta en las empresas de Jenni ni tampoco lo ayudaban en el trabajo de Cintas Acuario. Sin embargo, si se mantenían pendientes de lo que él hacía o dejaba de hacer.

Don Pedro había ordenado unas gorras con el nombre de Jenni para venderlas y al enterarse Rosie, inmediatamente llamó a la oficina para decir que se suspendiera la venta de esas gorras.

"...Don Pedro y yo nos hallábamos en la oficina cuando entró el gerente a dar la noticia. En palabras claras y concisas dijo: Pedro, llamó Rosie para decir que usted no puede vender gorras con el nombre de Jenni porque ellos lo

están haciendo en la boutique con el logo de ella…"

Observé en el rostro de don Pedro un aire de decepción y sus ojos se ensombrecieron; alzando la mirada simplemente le dijo al gerente: *"Está bien, paremos la venta de las gorras, no nos vamos a pelear por unos centavos".*

Cuando escuché eso me confundí un poco porque no podía entender como Rosie a quien yo había visto como una niña-mujer tierna y ecuánime, quizás por la situación que había pasado en su infancia, tuviera esa actitud para con su padre.

Lo que no he contado hasta ahora…

30

Lo que no he contado hasta ahora

Definitivamente la actitud de Rosie me hizo reflexionar en la bendición que tuve durante mi infancia con los padres ejemplares que Dios en su gran misericordia me dio.

Ahora entendía que eso era lo que me había salvado después del incidente de abuso infantil al que fui sometida a mis nueve años.

Le di gracias a Dios por ser tan bueno conmigo y haberme hecho la mujer madura que soy hoy.

A lo que quiero llegar es que antes de finalizar mi libro les voy a relatar algo que en mis capítulos anteriores, omití pero como para nuestro Creador todos los tiempos son perfectos, pienso que este es el momento preciso para contárselos.

Como preámbulo les diré que el ser humano por naturaleza es muy dado a hablar sin saber a ciencia cierta lo que dice y se nos hace muy fácil juzgar a los demás sin saber lo que otros han vivido y que nosotros ignoramos.

Ciertamente cada quien tiene su propia historia y solo uno mismo sabe por las experiencias que ha pasado en la vida; por dicha tuve la suerte de nacer en un hogar lleno de armonía, con padres cariñosos.

Si no hubiera sido por el ambiente en el que crecí, hoy no gozaría de las delicias que llevo en mi alma, pues al haber sido hija de las dos personas que me trajeron a este mundo, fue lo que me hizo valorar el aspecto espiritual más que el material.

Como dije anteriormente soy la décima de quince hermanos, hasta ahora solo he nombrado a doce de ellos. Las dos que faltan son las mellizas de las que hablaré a continuación.

Ellas, al igual que mis padres y mi hermanito Pabis, ya no están en este mundo y hoy gozan de la Gloria de Dios.

Las gemelas fueron el fruto del segundo parto de mi madre, después de que nació mi hermana Alicia quien es la mayor.

Una de ellas se llamaba Sara y la otra Celia y hablo de mis hermanas hasta este momento porque les narraré algo en el próximo capítulo que está relacionado con su corta historia.

…" **Probablemente a algunos de ustedes les conmoverá su corazón al escuchar lo que**

tengo que decir sobre ellas. Yo supe la historia de las gemelas cuando ya era mayor y por eso pude comprender muchas cosas que relataré próximamente...".

Mi madre se había reservado la historia de sus mellizas hasta que un día se atrevió a hablarme de Sara y Celia.

Por esa razón yo no sabía sobre el dolor que había llevado desde el día en que murieron.

De mi padre, no puedo imaginar lo que ha de haber sufrido pues nunca abrió su boca para mencionar el nombre de ninguna de las dos.

Cuando mi hermanito Pabis falleció, mi mamá me contó la historia de sus gemelas y lo hizo únicamente porque yo me preocupé mucho por mi padre quien lloraba desconsolado.

Nunca lo había visto llorar así; esa fue la primera y única vez que lo vi derrumbarse de aquella manera. Mi papá era un hombre al cual yo veía como alguien muy fuerte en todos los sentidos, pero ese día mi percepción sobre él cambió.

Supe que dentro de su bondadoso corazón y su cariño se escondía una ternura en ese espacio vulnerable que llevamos todos los seres humanos internamente.

Mi madre me contó que *"Sara (primera)"*, como la llamé a partir de que escuché su historia, era el nombre de una de mis hermanas fallecidas.

Decidí llamarla asi; porque aunque mi abuelita paterna también se llamaba igual a la gemela, la identifiqué como primera, porque años más tarde nació mi otra hermana y la bautizaron con el mismo nombre.

Un llanto contenido por años

31

Un llanto contenido por años

Sara "primera" tenía tan solo tres meses cuando falleció. Mi madre me dijo que Sara y Celia eran unas gemelas muy distintas en su aspecto físico.

"Las tres Saras" se parecían mucho entre ellas. Mi hermanito Pabis y Celia tenían facciones muy similares. La bautizaron con el nombre de Celia en memoria de una hermana de mi mamá, que también se llamaba como ella pero que murió tiempo atrás.

Mi hermanita Celia, se nos fue dos años y cuatro meses después de su melliza. Mamá me narró la historia de las gemelas por primera vez cuando estábamos en pleno duelo al haber perdido a mi hermanito Pabis.

Ella me dijo, que el fallecimiento de Sara, la primera gemelita, le causó mucho dolor a mi padre, pero con Celia, para él fue devastador porque era su adoración.

Celia lo seguía adonde fuera y de acuerdo a lo que me dijo mi mamá, cuando la niña partió de este mundo, mi papá se derrumbó; a tal punto que ella jamás lo había visto sufrir de aquella manera.

Yo fui testigo del dolor tan tremendo que mi padre atravesó cuando perdimos a Pabis pues lo vi llorar desconsolado, pero mi mamá me contaba que por Celia lo hacía a gritos.

Desde que supe aquello, mi cariño por mi papá creció en gran manera. Podía entender su dolor porque yo lo había experimentado cuando murió mi hermanito.

Fue hasta ese momento que yo me enteré que mis padres habían sufrido el triple porque perdieron a tres de sus amados hijos.

Cuando mi mamá me platicó la historia buscó algunas fotografías de las gemelas, pero solo encontró una de Celia y ahí fue cuando me percaté cuánto se parecía ella a mi hermanito Pabis.

Lloré mucho ese día pero lo hice a escondidas para que mi mamá ya no sufriera más. Creo que había sido injusta enfocándome en el dolor que había padecido mi padre al perder a las gemelas y después a Pabis, y me olvidé un poco del dolor que mi madre podía haber experimentado cuando perdió a los tres.

Ella me contaba que por mucho tiempo lloró a sus gemelas de día y de noche. Lloraba desconsoladamente hasta que cierto día tuvo una revelación y eso la hizo parar de sufrir por sus hijas.

Con sus ojos hinchados de llorar, en el lugar donde dormían las gemelas, recordaba mi madre que tuvo una visión. Cuando ella se volteó a la camita donde dormía Celia de pronto la vio muy triste y le dijo: *"Mami ya no llores."*

Decía mi mamá que desde ese día ella se propuso a aceptar la muerte de las niñas y a darse fuerza a si misma para calmar su dolor.

Cuando terminó de contarme la historia de las gemelas me concienticé del dolor que mis padres habían sufrido por años.

Eso me ayudó a mí a sobreponerme de mi trauma, porque me di cuenta que yo no había derramado ni una sola lágrima cuando Pabis murió.

El suprimir el llanto había causado estragos dentro de mí porque yo me había sacrificado para que mis padres no sufrieran más, pero a la vez había absorbido todo el dolor por tanto tiempo sin poder desahogarme.

Aunque no parezca que la historia de las mellizas tenga relación con los sucesos de Jenni, en el próximo capítulo ustedes comprenderán el por qué relaté la historia de mis hermanas Sara y Celia.

Tremenda decepción

32

¡Tremenda decepción!

Cierto día en el año 2013, invitaron a don Pedro a la Fiesta Broadway en Los Ángeles y él aceptó; por tanto, acudimos al evento el cual resultó espectacular.

Por esos años esta actividad anual era muy grande; varios artistas y grupos musicales eran invitados a asistir, entre ellos algunos que habían sido parte de la familia de Cintas Acuario que ese año se presentaban en la actividad.

También asistió Gustavo, el hijo de don Pedro y todos se preparaban para cantar.

Estuvimos en el camerino al menos una hora; yo salí a dar una vuelta para observar el ambiente, vi que había varios canales de televisión y también algunos periodistas.

Cuando regresé don Pedro ya estaba listo e iba a encontrarse con los medios porque había acordado darles una rueda de prensa.

Ese día don Pedro se presentaría con un traje de charro.

Yo me quedé a cierta distancia mientras él estaba dando las entrevistas.

En ese momento una de las empleadas se acercó a mí y preguntó por el representante de don Pedro o mejor dicho dijo que si yo era la encargada, le dije que no, entonces ella me empujó con rudeza diciéndome que me fuera de ahí.

Por fin llegó el agente de don Pedro; le expliqué lo que había ocurrido y me dijo que cuando él no estaba, yo tenía que tomar su lugar.

Hacía bastante calor y don Pedro estaba sudando excesivamente; tomé unos pañuelitos desechables y entré al escenario a secarle las gotas de sudor.

Cuando miré a la mujer que me había corrido se sonrojó; yo me salí del foro y a don Pedro lo siguieron entrevistando diferentes medios de la radio y la televisión.

"...Las entrevistas duraron al menos media hora. Me di vuelta hacia el frente al

momento en que llegaba Rosie y me causó mucha ternura verla embarazada; ya por ese tiempo se le notaba su vientre abultado y recordé lo mucho que había sufrido de niña por el abuso al que fue sometida, y encima ella tenía el dolor por la pérdida de su única hermana..."

Yo la entendía porque recordaba el dolor de mis padres y el mío propio, ellos, por la muerte de sus tres hijos y yo por la de mi hermanito.

Sabía lo que se sentía al perder a un ser tan querido y aunque Rosie no lo supiera, yo había sufrido también de un abuso similar al de ella; además de haber perdido a mi amado hermanito al igual que ella a su hermana Jenni.

En mi mente tenía la historia grabada del porqué yo me encontraba en aquel lugar, además de que la partida de Jenni estaba muy reciente y nos había afectado a todos.

Yo observaba a Rosie platicando con su hija y otros miembros de la familia. De pronto realicé que don Pedro ya había terminado la entrevista y me fui con él al camerino pues ya era hora de que se vistiera para hacer su presentación.

Unos minutos más tarde alguien vino a llamarlo para que subiera al escenario. Yo estaba muy feliz y me fui con él para darle mi apoyo.

De repente vi venir a Rosie con una actitud extraña y una mirada, que hasta ese día no había observado en ella. Yo me sentía muy tranquila sin sospechar sobre la escena que se aproximaba.

"…De un momento a otro Rosie me preguntó si yo era la novia de su papá. Le dije que sí; eso hizo que se encendiera como una lumbre y me empezó a gritar delante de todas las personas del equipo. *"Eres una mentirosa tú no me dijiste antes que eras la novia de mi papá…"*

No le contesté nada, solo me quedé viéndola porque aun así enojada como estaba, me provocaba ternura; Rosie se veía una persona muy vulnerable.

Después de aquel cruce de palabras, todo quedó en silencio y ambas permanecimos en el mismo lugar, pero como hacía mucho calor, el sol estaba muy fuerte; yo tomé la iniciativa tratándola de usted:

"Rosie véngase para la sombrita porque está muy caliente de ese lado" Eso la enfureció aún más y me dijo: *"No! yo no voy para allá por respeto a mi madre y te me sales de la casa de mi mamá que ella bien se sobó el codo trabajando y tú vives muy a gusto allí."*

Estábamos en esas cuando alguien le dijo a Rosie que se bajara del escenario; como había escalones, ella dio la vuelta para bajar, pero observó que yo permanecía ahí; entonces retrocedió llena de enojo y volteándose hacia mí, me dijo: *"Si yo me voy a bajar tú también hazlo, tú no tienes por qué estar aquí."*

Sus palabras, sus gestos faciales y su furia que no podía disimular, me dejaron muy confundida, pero para evitar un escándalo mayor y no perjudicar la presentación de don Pedro, bajé y me escondí detrás de un poste.

No sabía que hacer; me cuesta explicar los sentimientos que tenía en aquel momento, honestamente no sé cómo hice para caminar hasta donde le habían hecho la entrevista a don Pedro.

Avancé unos cuantos pasos y regresé a esconderme detrás del mismo poste otra vez; en eso vi venir a Gustavo.

Como él había sido neutral conmigo, me acerqué, pero cuando le iba a hablar, se detuvo para decirme *"no quiero saber nada."*

Luego me esquivó ignorándome y se fue lejos sin que le pudiera decir ni una palabra. Las palabras que Rosie me había dicho cuando yo iba bajando me resonaban ahora: *"No sé cómo no te compadeces de mi familia que está sufriendo tanto."*

Como dice el dicho que algunas veces he escuchado de boca de don Pedro *"me fui pisando altos y bajitos."*

Después del impacto que había causado en mí las fuertes palabras de Rosie, continué parada detrás del poste por el tiempo que tardó don Pedro en su presentación.

No quería moverme ni ir a ningún lado porque ella estaba frente a mí; prefería evitar que me viera y tratara de confrontarme otra vez.

La espera se me hizo eterna pensando en la razón por la cual yo le resultaba tan antipática a Rosie; quería conquistar su corazón para hablarle de mi amarga experiencia de la infancia, pero no lo había logrado ni con ella ni con Jenni cuando todavía vivía.

Durante años había mantenido la fe de compartir mi pena primero con Jenni y luego con Rosie, pero a estas alturas era muy difícil hacerlo y eso ya lo tenía bien claro.

Como la esperanza es lo último que se pierde en esta vida, aunque sabía que la amistad de Rosie jamás la tendría, todavía creía que la vida me daría la oportunidad de hablar con Jacqie y con Chiquis.

Lo veía difícil, pero pensaba que todo era posible, aunque mi corazón se sentía muy decepcionado y vulnerable, todavía brillaba esa lucecita que quizás algún día podría hablar con ambas.

La decepción tan grande que había sufrido por la actitud de Rosie me hizo sentir como una niña a la cual hieren y desprecian.

El incidente que tomó lugar en el evento de la legendaria Fiesta Broadway me hizo realizar que el trauma sufrido durante mi infancia aún estaba irresuelto.

Las heridas sufridas debido al abuso por manos de aquel hombre desconocido que sin escrúpulos me había abusado, estaban todavía sangrando emocionalmente.

Ese rato esperando a don Pedro se me hizo eterno; no sé cuánto tiempo transcurrió hasta que al fin lo vi venir muy feliz y radiante.

En aquel mismo instante le platiqué lo que había ocurrido con Rosie. Afortunadamente me escuchó, pero no dijo nada.

Nos fuimos a la casa y cuando llegamos tuve una sensación muy extraña; me sentía como una intrusa después de recordar las palabras que había pronunciado Rosie hacía unas horas.

Me dolía saber que esto hubiera sucedido precisamente cuando yo acababa de tomar una decisión tan importante en la vida como lo era dejar mi casa en la que había vivido por tanto tiempo y mudarme a la de don Pedro dada su insistencia a que lo hiciera.

Ahora me daba cuenta de que hacía días estábamos siendo espiados por alguien de la familia porque desde tiempo atrás, una *"van"* que tenía una especie de mural con la foto de Jenni se estacionaba enfrente de la casa.

Incluso varias veces yo no había querido salir por precaución, pero no pensé pasar por algo tan incómodo como lo que experimenté con Rosie aquel día.

Me preguntaba porque yo había permitido que la situación se me saliera de las manos y pensaba que tenía que haber sabido hasta qué punto debía dar marcha atrás en mi anhelo de conocer a Jenni Rivera.

No entendía porque estaba ocurriendo aquella situación; por esos días yo todavía miraba a don Pedro con mucho respeto; lo veía como a un hombre intachable y me había dado cuenta el gran cariño y admiración que sentía por él.

Habíamos pasado muchas cosas juntos y no podía imaginar que, en contra de nuestra voluntad, la historia entre nosotros se estuviera complicando.

No sospechaba todo lo que se me venía encima. Me preguntaba si el reclamo de Rosie y la actitud hostil de su familia hacia mi persona y mi relación con don Pedro abriría una caja de pandora.

Cierta vez sentí tanto temor que hasta le pedí que me escribiera una carta de seguridad y que la firmara, pero como yo no quería forzar tanto las cosas, la dichosa carta quedó en el olvido y no se hizo ni se habló más del asunto.

Un día en un acto de humildad, llena de fe, pero a la vez de angustia, le entregué todas mis penas y sufrimientos a Nuestro Creador.

Confíe ciegamente en El y me olvidé de la carta que le había pedido a don Pedro.
Sabía que el sendero de la vida estaba lleno de rosas y también de espinas por eso tenía que

aprender a recrearme cada día en los sucesos
sorpresivos que el destino me había deparado.

Debía aprender a confiar en Dios
plenamente y en todo lo que El pusiera en mi
camino

Una llamada inesperada

33

Una llamada inesperada

A pesar de los acontecimientos recientes con Rosie, don Pedro y yo continuábamos con nuestro trabajo.

Ahora enfrentaba con más calma cualquier problema que se nos presentara porque además de los conflictos con los Rivera yo había escapado de morir dos veces.

Aquellas experiencias quizás me habían hecho más fuerte y después de esos dos eventos no iba a desmayar tan fácil.

Estaba dispuesta a aceptar lo que enfrentaría y sabía que el destino me estaba guiando a un camino que no creí que algún día recorrería. Había reflexionado mucho acerca de mi vida, del ambiente y las personas que me rodeaban.

En aquel tiempo trataba de entender las facetas por las que atravesaba y cómo me había transformado poco a poco en una persona distinta.

Analizaba la actitud de Rosie desde mi propia perspectiva pues ambas habíamos pasado por situaciones similares, aunque ella no tuviera la más mínima idea.

Por esa razón yo sabía que Rosie no podía entenderme, pero su actitud me había confundido a tal punto que yo tampoco la comprendía a ella ni a los que me juzgaban.

Después de aquel encuentro tan desagradable que había tenido con ella en el evento anual de la Fiesta Broadway, para mí, era muy difícil llegar a la casa de don Pedro como si nada hubiera ocurrido.

Recordaba los reclamos de Rosie y a la vez estaba en mi memoria el estado de desolación y descuido en el que había encontrado la vivienda antes de mudarme.

Hoy se veía tan diferente, era como si la casa hubiera cobrado vida y se respiraba el aliento del calor de hogar que se sentía en todos los rincones.

Cuando decidimos formar una familia, una de las tareas principales que yo me propuse fue organizar la casa.

Me sentía motivada a cuidar de nuestro hogar y a completar junto a don Pedro los proyectos pendientes.

Sabía que la vida seguía y teníamos mucho trabajo como para preocuparme por pequeñeces, como el incidente ocurrido con Rosie.

No valía la pena experimentar momentos de flaqueza pues confiaba en que Dios no se equivocaba al hacerme parte de la vida de don Pedro e indirectamente también de su familia.

Cintas Acuario seguía fluyendo y yo me mantenía ocupada organizando los discos; y haciendo otros quehaceres en la oficina por qué no había quien más lo hiciera.

Le sugerí a don Pedro, una re-organización en la empresa. Nos estaba tomando mucho tiempo y trabajo, más del que quizás hubiéramos imaginado, el hacer esos cambios y establecer las nuevas normas pero valía la pena aunque obviamente ni a la secretaria ni al gerente les gustaron las reformas.

A raíz de la pérdida de Jenny, todos nos manteníamos muy ocupados por la cantidad de discos que se vendían.

Como la secretaria y el gerente no estaban de acuerdo con las modificaciones, hacían caso omiso a los nuevos cambios que estábamos tratando de implementar.

A don Pedro lo seguían contratando en muchos lugares y yo lo acompañaba, aunque algunas de sus presentaciones no fueran en el estado de California.

Cierto día cuando estaba en la oficina vi que la secretaria contestó una llamada y yo alcancé a escuchar que decía algo de la novia de don Pedro.

Enseguida se me informó que Rosie deseaba hablar conmigo.

"...Cuando tomé el auricular, escuché la voz molesta e imperativa de Rosie. Sin perder la compostura contesté: "¿Dígame?" Seguidamente escuché su grito cuando dijo: "Eres una chismosa, hablaste con Gustavo y le dijiste que te grité..."

Le respondí en voz calmada: *"Para empezar déjeme decirle que no he hablado con Gustavo."*

Se quedó por unos segundos en silencio sin saber que decir y luego continuó: *"Pero tenías la intención de hablar con él."*

Inmediatamente respondí: *"Si, pero él no me escuchó ni me hizo caso."*

Yo estaba confundida porque no sabía cual era el motivo de aquella llamada; le había compartido a don Pedro sobre lo que Rosie me dijo en la fiesta Broadway y también le platiqué acerca del ataque verbal por su parte.

Ahora ella me llamaba por teléfono y por el tono de su voz, se notaba que tenía mucho coraje, pero muy pocos argumentos.

Estaba irritada y a la vez confundida. La llamada de Rosie según yo entendía era para que le explicara con quien había platicado sobre el incidente.

Finalmente se atrevió y dijo: *"Ah entonces tú le chismeaste a mi daddy.*

Le contesté afirmativamente, pero también le aclaré que no lo había hecho a modo de chisme pero que si le había hablado a don Pedro sobre lo ocurrido.

Rosie todavía muy enojada, me volvió a repetir que me saliera de la casa de su mamá porque ella había trabajado mucho para que la compraran.

Yo solo la escuchaba y ella seguía hablando. Entre todo lo que me dijo me preguntó si quería a su papá.

Le contesté que sí. Entonces rápidamente y sin pensarlo dos veces me dijo: "*Pues si lo quieres tienes que aguantar la vara.*"

Estaba bajo la percepción que Rosie ya no tenía nada más que decir, pero seguía hablando y me volvió a repetir: "*¿Pero yo te grité?*"

Le respondí que si lo había hecho entonces me dijo que quería hablar conmigo.

Cuando le dije que ya estábamos hablando ella me contestó. "*Si, pero no quiero hablar por teléfono, hagámoslo en persona.*"

Yo estaba confundida por su actitud, pero igual le respondí: "*Ok podemos hacerlo aquí en la oficina en presencia de su papá.*"

Me sorprendió su respuesta cuando cuestionó mi propuesta de reunirnos en la oficina. Ella me respondió: "*¿Porque no en otro lugar?*"

Le dije que sería más conveniente en Cintas Acuario y ella inmediatamente, con mucha arrogancia dijo: "*Nos veremos en otro lado o acaso me tienes miedo?*"

Fue entonces cuando me di cuenta que el deseo en mí de abrirle mi corazón a Rosie y contarle acerca del dolor que yo sentía había desaparecido.

Ese día perdí la motivación de compartir mi secreto que solo don Pedro había escuchado.

Era increíble que ya no tenía el interés de confiarle algo tan privado a aquella niña con la que me había identificado tanto en el programa de Charityn.

Rosie con sus palabras hostiles y su actitud me hizo ver claro una realidad que no vi antes.

Dentro de la conversación que estábamos teniendo una de las *"exigencias"* fue: *"No quiero verte ni a ti ni a tu hija en ninguno de los eventos de mi hermana."*

Finalizó diciendo que la llamara para que nos reuniéramos.

Yo le contesté: *"Tiene que darme su número de teléfono para poder llamarla."*

Ya para entonces, su voz había cambiado de tono y se escuchaba más calmada y me compartió su número.

Para despedirnos le dije: *"Muy bien entonces la llamo para ponernos de acuerdo."*

Antes de terminar ella me preguntó cual era mi nombre. Le respondí a secas: *"Juanita"*

Con un tono de voz bastante distinto al que había usado cuando iniciamos la conversación Rosie murmuró en una voz más suave: *"¡No sabía!"* y así terminó la llamada con ella.

El concierto de Lupillo

34

El concierto de Lupillo

Después de aquella llamada telefónica de Rosie, sucedieron muchos incidentes con el personal de Cintas Acuario.

Algunos de ellos estaban a la defensiva, sin embargo, ese comportamiento no afectaba la relación de don Pedro conmigo porque irónicamente para ese tiempo había un mayor acercamiento y comprensión entre nosotros dos.

Unos meses atrás viajamos a Chicago y a Texas por motivo de trabajo incluyendo algunas invitaciones que le habían hecho a don Pedro a varios programas de televisión a los cuales yo lo había acompañado.

En repetidas ocasiones visitamos Estrella TV y los diferentes programas del canal, incluyendo "Tengo talento, mucho talento." Para ese tiempo yo ya conocía al equipo de trabajo del canal.

Alguien muy cercano a mí, hizo comentarios negativos sobre Pepe Garza y eso me había influenciado a no tener un buen concepto sobre él.

Un evento inesperado que me sucedió con el señor Garza se los explicaré al final de este capítulo porque fue lo que me hizo cambiar mi impresión sobre su persona.

Don Pedro y yo no parábamos, teníamos mucho trabajo que estaba previamente programado y constantemente íbamos de aquí para allá.

"…Un día, Lupillo le regaló a su papá unos boletos para una de sus presentaciones y como ya se sabía abiertamente todo sobre nuestra relación, don Pedro le preguntó a Lupe que si podía llevarnos a Juan Carlos y a mí. Lupillo le contestó: *"si "apá"se los regalo para que lleve a quien usted quiera..."*

Como Lupe le había dado varios boletos a don Pedro, pudimos ir un grupo grande de personas; yo como de costumbre, me senté al lado opuesto del teatro donde él estaba.

En esta ocasión él se sentó junto a su hijo Juan Carlos al otro extremo de donde estaba la familia.

El concierto estuvo muy ameno; de repente observé que Juan y Lupillo intercambiaron algunas palabras. Lupe invitó a Juan a subir al escenario.

Juan tomó una silla, la giró al revés para subir a cantar una canción con su hermano. Después que hablaron unas palabras Juan se bajó y Lupe continuó con su concierto.

De pronto, para mi sorpresa, Lupillo se volteó hacia donde estaba Juan Carlos quien se encontraba al lado de don Pedro y lo saludó con su mano.

El niño pensó que Lupe lo había invitado a subir al escenario; Juan Carlos muy contento y sonriente volteó la silla al igual que Juan su medio hermano lo había hecho.

Sin que don Pedro pudiera evitarlo el niño subió con toda seguridad al escenario poniendo en apuros a Lupillo, quien no quería lastimar la sensibilidad de su mamá.

Lupe no pudo disimular su desconcierto e incomodidad mostrando un aire de preocupación durante algunos segundos.

Me imagino que no sabía cómo reaccionar; casi de inmediato le dijo a Juan Carlos que se bajara; como él es un chico muy noble, le obedeció y Lupillo continuó con su concierto.

Cuando finalizó el evento yo fui a encontrarme con don Pedro y Juan Carlos, pero mientras caminaba hacia donde ellos se encontraban, noté que algo estaba pasando; fue ahí cuando escuché varios comentarios que la ex-esposa de don Pedro se había desmayado.

La gente decía que habían llamado a la ambulancia; yo realmente no entendía lo que estaba sucediendo.

La mayoría de las personas ya se estaban yendo; yo no encontraba a don Pedro, lo llamé varias veces a su celular, pero no me contestó.

Caminé hacia la puerta trasera donde salen los artistas, entonces me di cuenta que aquello era un completo caos, toda la gente y la prensa estaban aglomerada ahí y tenían el área acordonada para que nadie pasara.

Buscaba a toda costa como encontrarme con don Pedro y pasé en medio de la multitud; por fin lo vi a lo lejos; estaba apoyado contra una pared junto a Juan Carlos.

Muy cerca de ellos vi a Gustavo caminando fuera del área acordonada y lo escuché cuando dijo que iba a dar unos autógrafos.

A don Pedro se le veía preocupado; el ambiente entre los organizadores del espectáculo y el equipo de producción se sentía tenso.

Tomando valor les dije que yo estaba con don Pedro, pero no me creyeron, impidiéndome la entrada; entonces me quedé parada cerca, pero a cierta distancia; aún hasta ahí, llegaron los de seguridad.

El señor Pepe Garza se dio cuenta que me estaban corriendo del lugar y cada vez me alejaban más de donde se encontraban don Pedro y Juan Carlos.

Se encaminó a paso seguro hacia donde estaban los agentes de seguridad y les dijo en tono firme: *"Déjenla pasar, ella viene con don Pedro"* luego tomándome del hombro me acompañó hasta dejarme al otro lado de la zona acordonada donde se encontraba don Pedro y Juan Carlos.

Yo había visto a Pepe Garza pero hasta ese día solo habíamos cruzado miradas; mi impresión por su gesto dio un giro completo, en ese instante, olvidándome de los malos comentarios escuchados anteriormente.

Observé que era una persona muy amable y caballerosa; así que desde ese día, cuando me lo encontraba lo saludaba cordialmente porque quedé muy agradecida por la consideración que tuvo para conmigo en aquella ocasión.

Jamás volví a prestar atención a los comentarios que se decían de él porque se había convertido en una persona que me infundía mucho respeto, aunque apenas lo conocía.

Cuando visitábamos los foros de "Tengo talento mucho talento", yo admiraba sus proyectos de trabajo y también su rol de padre. En varias ocasiones lo vi con su hija a la cual trataba con mucha ternura y cariño.

Viene a mi memoria el día que me hicieron cambiar de lugar para sentarla a ella. Yo con mucho gusto me moví de asiento y aunque la pequeña no me conocía me miró sin saber que yo sentía admiración por ella y también por su padre.

La niñita no sabía que yo había quedado eternamente agradecida por el gesto que su papá tuvo para conmigo en el concierto de Lupillo.

Quiero decirles estimados lectores que mis experiencias narradas hasta aquí son sólo unos gajitos arrancados de la naranja agridulce.

Mi vida junto a don Pedro Rivera no ha sido solamente en calidad de esposa sino también una aventura con altos y bajos pero innegablemente he vivido unos cuantos capítulos en mi historia que me han dejado grandes lecciones.

En cierta manera sin yo desearlo me han puesto en el ojo público inevitablemente.

Solo me queda agradecer por ahora a todos ustedes que prestaron atención a mis narraciones y que han compartido conmigo algunas de mis vivencias desde mi temprana edad.

Quizás algún día escriba otro libro en el cual les contaré sobre muchas otras experiencias que en este libro quedaron fuera pero que marcaron mi vida en uno u otro sentido.

¡Gracias, gracias, gracias!

Epílogo

La autora de "Don Pedro y yo," es la actual esposa de Pedro Rivera. Juanita Ahumada nació en un lugar maravilloso, creció en un hogar con unos padres ejemplares y vivió una vida singular junto a sus hermanos.

Lo vivido hasta este momento ella lo describe de la gloria al caos pero la ha hecho más fuerte sin importar lo que se diga o se haga en contra de su persona.

Dentro de su ser lleva el amor arraigado de su familia y su vida es un milagro; quizás su cuerpo ha muerto cien veces pero su espíritu ha vivido una eternidad.

Juanita Ahumada quizás ha entrado al túnel del tiempo, a la hora inesperada en algunos momentos de su vida, pero ha sobrevivido.

Ella duerme y despierta y cada vez que amanece, recuerda lo vivido hasta ese día.

Fresco está en su memoria el día en que conoció a Pedro Rivera y lo que la motivó a buscarlo.

Estos años buenos y generosos que ha vivido junto a él, la han hecho recrearse *"aguantando vara"*, como alguien se lo sugirió un día.

Se que muchos pensarán que cuando un autor escribe un libro debería compartir las vivencias más morbosas para alcanzar más audiencia y tener más lectores.

Juanita Ahumada se ha abstenido de hacer eso sin embargo ha compartido con sus lectores algunos de los años vividos con el Patriarca del Corrido, como esposa y su apoyo en sus empresas y otras actividades del ámbito artístico.

Esta historia continuará…

Acerca de la autora

Juana Ahumada, hoy conocida también como Juanita A. Rivera nació en el Estado de Zacatecas, México.

Desde muy niña soñó con ser escritora y hoy cumplió su sueño de narrarnos parte de su historia en el libro de su autoría "Don Pedro y yo".

Juanita es la actual esposa de don Pedro Rivera, popularmente conocido como el Patriarca de la Dinastía Rivera.

Juanita y don Pedro Rivera son vecinos de la ciudad de Long Beach, California.

Long Beach es también la ciudad donde ellos se conocieron y decidieron un día formar su hogar.

La autora nos relata en este libro, muchos eventos importantes de su vida, desde que era niña.

Junto a sus amorosos padres y hermanos, Juanita vivió una situación holgada en México. El rancho en el que vivían contaba con animales y sembrados los cuales eran el deleite de la familia, quienes consideraban una bendición el poder disfrutar de aquellas hermosas tierras.

A la edad de nueve años Juanita sufrió un evento que le cambió la vida por completo, física, emocional y psicológicamente.

Este doloroso acontecimiento la marcó por el resto de sus días según ella mismo nos lo relata en su historia.

"Don Pedro y yo," es el primer libro publicado por Juanita A. Rivera el cual se ofrece en forma digital y empastado por Amazon Internacional.

Juanita es enfermera graduada de la Universidad Autónoma de Zacatecas, en México, pero desde que se casó con don Pedro Rivera, se ha dedicado a acompañarlo en sus giras y presentaciones y a apoyarlo en la venta y producción de discos de la empresa Cintas Acuario.

Este probablemente no será su único libro pues Juanita tiene en mente escribir algunos otros sobre su vida personal y también sobre otros temas.

"Un recuerdo de Jenni"

Como les prometí antes de finalizar este libro, quiero incluir este texto que me envió don Pedro el 14 de diciembre del 2012, días después de haber fallecido Jenni.

Quiero compartirlo porque don Pedro no es una persona expresiva que manda este tipo de mensajes.

Tenía que estar en un momento muy vulnerable para haber compartido conmigo algo que le enviaron a él.

Como ustedes pueden, ver, es un montaje donde se ve Jenni abrazada de Jesús.

Verizon 3G
8:50 PM
Mensajes
Pedro Rivera
Editar
Llamar
Datos de contacto
Mensaje de texto
Dec 14, 2012, 1:16 AM
Reenv:
Me llego esta imagen, y
quise que la tuvieras.
Quienes son

(Los derechos de esta foto no son de mi propiedad)

Fin

Impreso en Estados Unidos 2022

Disponible por Amazon.com

Versión digital y versión empastada